Münsterschwarzacher Kleinschriften

herausgegeben
von den Mönchen der Abtei Münsterschwarzach

Band 147

W0051851

Margareta Gruber
Georg Steins

Mit Gott fangen die Schwierigkeiten erst an

Vier-Türme-Verlag

2. Auflage 2007
© Vier-Türme GmbH, Verlag, Münsterschwarzach 2005
Alle Rechte vorbehalten
Umschlaggestaltung: Morian & Bayer-Eynck, Coesfeld
Umschlagmotiv: Morian & Bayer-Eynck, Coesfeld
Gesamtherstellung: Vier-Türme GmbH, Benedict Press,
Münsterschwarzach
ISBN 978-3-87868-647-7
ISSN 0171-6360

www.vier-tuerme-verlag.de

Inhalt

Margareta Gruber

Georg Steins

I. Die Entdeckung Gottes im Alten Testament
Oder: Eine neue Welt entsteht

Das unverschämte Glück

*Nicht, dass ich
es lese, um es
zu lesen; ich
habe nur das
unverschämte Glück,
am Tropf dieser
Worte zu hängen.*

Eva Zeller

1. Ganz anders als gedacht ...

Jemand hat einmal treffend bemerkt: Ob Gott existiert oder nicht, das ist nicht das größte Problem. Sondern: Wenn es Gott gibt, fangen die Schwierigkeiten erst an.

Gott ist keine beruhigende Antwort auf alle unsere Fragen, sondern eine ständige Herausforderung: Sturm und Feuer sind beliebte biblische Bilder für Gott! Wer könnte sich da ruhig zurücklehnen? Die Bibel weiß ein Lied zu singen von den

Schwierigkeiten Israels mit seinem Gott. Es sind die Geschichten einer langen und komplizierten Beziehung, eines Dramas eben, wie es das Leben schreibt.

Diese Seite der Heilige Schrift wird allzuoft verkannt. Die Bibel wird gelesen wie ein philosophischer Traktat, der gemessenen Schrittes die Gottesfrage bedenkt. Alles steht hier gewissermaßen still wie in den Vitrinen eines Museums: Die Bibel als Sammlung hehrer Einsichten, die niemals altern, die aber auch keinem wirklich nahegehen. Oder die Schrift wird gelesen wie ein naives Geschichtenbuch, das von Zeiten erzählt, in denen Menschen noch nicht so weit waren wie wir: Ihren Geschichten von Gott haftet noch etwas urwüchsig Rohes an, es fehlt an Subtilität und Problembewußtsein. Für diese Art der Lektüre ist die Bibel gnadenlos rückständig und reformbedürftig. Besonders häufig aber wird die Bibel wie eine Dienstanweisung gelesen, die es strikt zu befolgen gilt, damit der Weg des Lebens zum Ziel führt und nicht im Abseits endet. Bei dieser Art der Lektüre ist die Bibel eine Sammlung immer gültiger Vorschriften und streng zu beachtender Regeln.

Keine Frage: Die Bibel hat etwas von alledem. Es finden sich in ihr epochale Einsichten, auch die Spuren der Altertums sind nicht zu leugnen. Es trifft auch zu, daß sie sich um die Moral der Menschen sorgt. Aber die Bibel auf diese Aspekte festlegen und einengen zu wollen hieße, ihre Wildheit zu zähmen, ihre Provokationen zu mißachten und ihre Irritationen zu übersehen, kurz: ihre Eigentümlichkeit zu nivellieren und sie offen oder verdeckt unserem Geschmack anzupassen, sei es der philosophische, der historische oder der moralische.

Der Dichter Heinrich Heine ruft erstaunt aus: »Welch ein Buch! Groß und weit wie die Welt, wurzelnd in den Abgründen der Schöpfung und hinausragend in die blauen Geheimnisse des Himmels ... Sonnenaufgang und Sonnenuntergang, Verheißung und Erfüllung, Geburt und Tod, das ganze Drama der Menschheit ... alles ist in diesem Buch!« Gottfried Bachl, ein Theologe und Dichter, bezeichnet die Bibel kurz und treffend als »wildes Libretto«, als Textvorlage für eine Oper also, aber nicht für irgendein Bühnenstück, sondern gewissermaßen für die ganz große Weltoper. Die Wildheit des Librettos hat immer schon Anstoß erregt. Nicht selten hat sich die theologische Wissenschaft dieses Problems angenommen und erst einmal Ordnung in der Bibel geschaffen – oft um den Preis der Verflachung und Verharmlosung, mit der Folge des Besucherschwunds. Was soll ein Buch, dessen Aufbau, Entstehung und Aussage ganz durchschaubar sind? Kann ein solches Buch für Millionen von Menschen zum Begleiter durch die Jahrtausende werden? Klassiker zeichnen sich gerade dadurch aus, daß man mit ihnen niemals fertig wird. Sie leben von ihrer Rätselhaftigkeit und partiellen Widersprüchlichkeit, wie Umberto Eco festgestellt hat.

Worum geht es in diesem Libretto? Ich beschränke mich im folgenden auf den ersten Teil der zwei-einen christlichen Bibel aus dem Alten und dem Neuen Testament, also auf jenen Teil, in dem Israel seine Entdeckungen Gottes in Worte gefaßt hat. Das Thema läßt sich präziser fassen, wenn eine stillschweigende Voraussetzung moderner Leserinnen und Leser aufgegeben wird: Die Voraussetzung nämlich, für die Bibel sei Gott eine Selbstverständlichkeit – und der automatischen Ergänzung: für uns heute sei die Ausgangslage eine grundlegend andere.

Das Gegenteil ist der Fall: »Gott« ist auch in der Bibel die große Frage. Gott ist das am wenigsten Selbstverständliche. Gott macht Schwierigkeiten über Schwierigkeiten. Wenn von Gott die Rede ist, wissen sich auch die biblischen Autoren nicht auf der sicheren Seite. Sie fragen und klagen statt dessen, sie halten Rückschau und Ausschau, sie jubeln und verstummen, sie erzählen und reimen – das sind alles Gesten der Standortsuche im unbekannten Gelände einer Landschaft von Fragen und Zweifeln, weltpolitischen Klimawechseln, gesellschaftlichen Umbrüchen. Der Feuerofen nationaler und individueller Krisen ist der Ort der biblischen Theologie: Rede von Gott im Vermissen Gottes. Gott als sicherer »geistlicher« Besitzstand – nichts wäre den Menschen der Bibel fremder! Nicht das ruhige, abgeschiedene Nachdenken steht also hinter den vielfältigen Anläufen alttestamentlicher Gottesrede, sondern das Ringen um Gott in der Erfahrung der Verborgenheit Gottes. In der Dunkelheit geht ihnen das Geheimnis Gottes auf – und das heißt: Gott als Geheimnis. Die Bibel läßt sich so beschreiben als Buch der

Entdeckungen Gottes in Krisen und Umbrüchen und oft unter Schmerzen.

Drei dieser Entdeckungen Gottes möchte ich herausheben. Ich beschränke mich dabei auf den ersten Teil des Alten Testaments, die fünf Bücher Mose, wie sie im Christentum heißen. Dieser erste Teil des Alten Testaments ist zugleich der vornehmste Teil, dem alle nachfolgenden Bücher gewissermaßen als Kommentare zugeordnet sind. Das Judentum bezeichnet diesen Teil der Bibel als Tora, das heißt: Ein-Weisung in ein Leben aus, vor und mit Gott, ein Leben, das sich verdankt, gerettet und geführt wissen darf, Weg-Weisung für ein Leben, das unterwegs ist in das »gelobte Land«. Das Unterwegs-Sein ist der Rahmen für alle Erzählung und Belehrung. Wer den biblisch vorgezeichneten Weg nachgeht, weiß sich noch auf dem Weg, ist noch nicht angekommen. Wer in der Bibel liest, sucht Orientierung für den Weg. Welches sind nun richtungweisende Entdeckungen am Anfang der Bibel?

Die Entdeckung der Zeit als Ort Gottes – oder: Gott als Schöpfer

Die erste Entdeckung beantwortet die uralte Frage nach dem Wohnort Gottes. Wo wohnt Gott? So haben die Menschen immer wieder gefragt, weil sie ihre Götter erreichen wollen. Die Antwort der Bibel auf diese Frage ist höchst originell, denn sie besteht nicht in der Angabe räumlicher Koordinaten, sondern lenkt den Blick weg von der

Kategorie des Raumes, mit der wir gewöhnlich die Frage nach einem Ort verbinden, auf die Kategorie der Zeit. Die Originalität dieser Antwort hat uns alle – ob wir uns ausdrücklich zum Christentum bekennen oder nicht – immer schon geprägt; sie bestimmt seit 2500 Jahren das Lebensgefühl zahlreicher Menschen in unserem Kulturkreis.

»Im Anfang schuf Gott Himmel und Erde;
die Erde aber war wüst und wirr,
Finsternis lag über der Urflut,
und Gottes Geist schwebte über dem Wasser.

Gott sprach: Es werde Licht!
Und es wurde Licht ...«
(Gen/1. Mose 1,1–3)

Mit diesen Worten (hier nach der katholischen Einheitsübersetzung) beginnt die sogenannte Schöpfungsgeschichte der Bibel. Ein gewichtiger Text in gemessener, feierlicher Sprache, der wie kaum ein anderer Bibeltext die Weltgeschichte bewegt hat. Aber es ist schon seltsam: Der Streit der letzten 200 Jahre um die Bedeutung und Wahrheit dieses mißverständlich als »Schöpfungsbericht« bezeichneten Textes angesichts der modernen Naturwissenschaft war lange einfach blind für die Besonderheiten dieser biblischen Erzählung. Zum Glück ist der Streit gegenwärtig abgeflaut, weil man eingesehen hat, daß es viele unterschiedliche Arten des Sprechens über die Welt gibt. So besteht die Möglichkeit, die Eigenart dieses biblischen Sprechens von Gott und Welt genauer wahrzunehmen.

Hier wird – und das kann gar nicht deutlich genug betont werden – keine Naturgeschichte geschrieben, kein Schöpfungsprotokoll abgeliefert. Wie alle Schöpfungserzählungen Ägyptens und Mesopotamiens entwirft der Text ein Weltbild, das nicht über Naturvorgänge informieren oder diese erklären will, sondern das Orientierung geben will, indem aus der Perspektive des Menschen die grundlegenden Ordnungen, das heißt die lebensbestimmenden Unterscheidungen und die lebenstragenden Wertsetzungen, entfaltet werden. Wer Verläßliches über die Weltentstehung erfahren will, findet in den Lehrbüchern der Astrophysik und der Biologie reichlich Auskunft. Die Bibel will uns auf anderes aufmerksam machen, das nicht weniger bedeutsam für uns ist. Diejenige Ordnung, die das Hauptanliegen dieser Schöpfungsgeschichte ist, wird jedoch leicht übersehen. Die Geschichte erzählt nicht nur das Schöpfungsgeschehen in einer chronologischen Abfolge, gegliedert nach Tagen. Vielmehr wird die Ordnung der Zeit selbst zum Inhalt des Schöpfungsgeschehens. Das ist in hohem Maße erstaunlich und unterscheidet diesen biblischen Text von den anderen Schöpfungstexten der Bibel und von Schöpfungstexten aus dem Umfeld Israels.

Es lohnt sich, den vermeintlich bekannten Anfangstext der Bibel noch einmal genauer anzuschauen, um die Bedeutung dieser Ordnung der Zeit zu erkennen: Das Schöpfungsgeschehen setzt ein mit der Erschaffung des Lichts. Dem tödlichen Zustand, der mit den Grausen erweckenden Signalwörtern von »Wüste«, »Finsternis« und »(Chaos-)Wasser« zur Vorstellung gebracht wird, tritt Gott mit dem Aufrufen des Lichts entgegen. Das ist die grundlegende Schöpfungstat, weil sie dem tödlichen Chaos die Grenzen weist. Der Sieg des Lichts wird zum Ursprung der Welt als eines geordneten Zusammenhangs. Mit dem Licht tritt die erste Unterscheidung auf, beginnt der Aufbau von Strukturen. Daß damit schon das Wichtigste »passiert« ist, deutet der Text an, indem er sogleich davon spricht, daß das Licht von Gott gebilligt wird: »Und Gott sah das Licht, wie gut es war.« An dieser Stelle wird das Licht also ausdrücklich genannt; es heißt nicht pauschal »Gott sah, daß es gut war«. »Gut« meint immer auch »schön« und »lebensvoll« und »lebensförderlich« – bezeichnet also das Gegenteil von Wüste und Tod.

Der Gegensatz von Licht und Finsternis wird im nächsten Schritt als Differenz von Tag und Nacht ausgelegt. Damit ist die Zeitgröße »ein Tag« eingerichtet. Das Geschehen der Schöpfung beginnt also mit der Schaffung einer Zeiteinheit. »Die Schöpfung beginnt nicht mit der Scheidung des Weltraumes, sondern mit der von Tag und Nacht als der Grundordnung der Zeit« (Claus Westermann). Die Ordnung der Zeit wird in der Sicht des ersten Schöpfungsberichtes zur grundlegenden Ordnung, der die Erschaffung der Lebensräume Himmel, Festland und Wasser und ihre Ausstattung nachgesetzt und eingeschrieben wird.

Worauf zielt diese auffällige und ganz und gar ungewöhnliche Betonung der Zeit? Im Gang der biblischen Erzählung kommt die Antwort nach und nach zum Vorschein. Um das Ergebnis vorwegnehmend anzudeuten: Die biblischen Erzählungen gestalten das Verhältnis von Gott und Mensch in neuer, bisher nicht dagewesener Weise. Gott erhält einen neuen Wohnsitz. Sein besonderer Ort ist von nun an die Zeit. Hier ist er ab sofort zu finden. »Gott und Zeit« – dieses Thema der ersten Zeilen der Heiligen Schrift wird durchgehalten bis zum Ende dieses voluminösen Bibel-Buches, bis zum letzten Wort des Neuen Testaments – »Komm, Herr Jesus« –, der flehentlichen Bitte um ein Ende des Wartens auf Sinn, Erfüllung, Erlösung.

Die Schöpfung ist nicht zu Ende mit der Erschaffung des Menschen als Frau und Mann am sechsten Schöpfungstag. Die christliche Tradition hat oft nur vom »Sechs-Tage-Werk« gesprochen und den Menschen als Krone der Schöpfung gefeiert. Dabei hat sie den springenden Punkt des ersten Textes der Bibel vielfach glatt übergangen und so mit dazu beigetragen, daß sich der Mensch nicht selten allzuviel herausgenommen hat – mit katastrophalen Folgen, die seit einigen Jahrzehnten zum Beispiel die Ökologiedebatte aufgezeigt hat. An die sechs Schöpfungstage schließt sich ein Abschnitt zum siebten Tag an, der mit gewichtigen und etwas umständlichen Worten diesen Tag von den vorangegangenen abhebt:

»Gott vollendete am siebten Tag sein Werk,
das er gemacht hatte,
und er ruhte am siebten Tag
von all seinem Werk,
das er gemacht hatte.
Und Gott segnete den siebten Tag
und heiligte ihn,
denn an ihm ruhte er von all seinem Werk,
das Gott geschaffen hatte,
indem er es machte.«
(Gen/1. Mose 2,2–3).

Den meisten sind diese Texte schon aus Kindertagen so vertraut, daß die naheliegende Frage sich nicht stellt: Was kann es für einen Sinn haben, daß hinausgehend über die Erschaffung von Himmel und Erde und aller Lebewesen von noch einer Sache die Rede ist? Es ist mit den sechs Tagen doch eigentlich alles da. Man sollte meinen, die Schöpfung sei mit dem sechsten Tag abgeschlossen, fertig.

Der siebte Tag kennt kein weiteres Werk Gottes, das den zuvor erzählten Schöpfungswerken entspricht, sondern berichtet das Vollenden der Arbeit Gottes und das Aufhören Gottes mit all seiner Arbeit. Die Vollendung fällt also nicht zusammen mit der Beendigung der Arbeit, sondern ist – seltsam genug – ein Vorgang eigener Art. An diesem siebten Tag geschieht nichts mehr, dafür geschieht aber etwas mit diesem Tag, das mit den Worten »Segnen« und »Heiligen« beschrieben wird. Das heißt: der Tag wird herausgehoben, gerade dadurch, daß nichts gemacht wird.

Man könnte meinen, das sei alles nichts Besonderes, hier werde einfach das bekannte Wochenschema in einem uranfänglichen Geschehen verankert und so als für alle Zeit verbindlich vorgestellt. Das ist zwar richtig, beantwortet aber nicht die Frage nach dem positiven Gehalt, die Frage nach dem Sinn der Unterscheidung zwischen den Tagen des Arbeitens und der geheiligten Zeit der Vollendung. Am Ende der Schöpfungsgeschichte wird nicht allein, wie oft gesagt wird, die Einsetzung des Sabbats als vorgeschriebenem Ruhetag berichtet. Der siebte Tag ist der geheiligte Tag. Er repräsentiert mit der Heiligung der Zeit etwas Neues, das fortan das Leben in der Zeit bestimmen soll: Nicht im gestaltlosen Einerlei der Abfolge immer gleicher Tage, sondern im Rhythmus des schöpferischen Wirken Gottes vollzieht sich das Leben der Geschöpfe, das Leben der Menschen, die ihr Ziel in nichts Geringerem als eben dem Heiligen selbst finden. Die Zeit wird unterschieden, die Tage haben eine unterschiedliche Qualität.

Die aktuelle Diskussion um den Sonntag als Tag gemeinsamer Arbeitsruhe läßt oft nicht ahnen, wie ernst dieses Thema ist, wenn die Frage vorherrscht, ob wir uns den Sonntag als »Luxusgut« (rein wirtschaftlich betrachtet) leisten können und sollen. Aus biblischer Perspektive geht es nicht nur um die gesellschaftliche Regelung von Arbeits- und Freizeit, die so oder so sinnvoll geschehen kann, sondern um Gott und seine Beziehung zum Menschen. Die gesellschaftliche Regelung der Zeit ist nicht zuerst und vor allem eine ökonomische und tarifpolitische Frage. Im Deutungshorizont des biblischen Schöpfungsberichtes wird dieses Problem der qualitativen Unterscheidung von Zeit als Gottesfrage entschlüsselt.

Wir leben – ob kirchlich gebunden oder nicht – vermittelt durch unsere westliche Kultur in den hier eröffneten Horizonten so, wie wir in der Hülle der Atemluft leben, die wir in der Regel auch nicht zum Thema machen. Die Weichenstellung im Verständnis von Gott und Mensch, die hier geschehen ist, wird erst im Nachdenken und Vergleichen bewußt: Gott und Mensch sind von nun an grundlegend zeitlich bestimmt, und ihre Begegnung geschieht in der auf Vollendung ausgerichteten Zeit. Jedesmal, wenn der siebte Tag wieder an der Reihe ist, wird das Ziel der menschlichen Geschichte in den Fluß der Zeit schon hereingeholt. So wird in einem weiteren Text der fünf Bücher Mose (einige Kapitel später) der siebte Tag erkannt als »Zwischen-Zeichen«, theologisch gesprochen als »Sakrament«, das Mensch und Gott zusammenführt:

»Und es sollen beobachten die Kinder
Israels den Sabbat,
den Sabbat zu halten bei ihren Generationen
als immerwährenden Bund.
Zwischen mir und den Kindern Israels sei er
als ein Zeichen für ewig,
dass JHWH in sechs Tagen gemacht
den Himmel und die Erde,
und am siebten Tag aufgehört und
Atem geschöpft/gefeiert hat.«
(Ex/2. Mose 31,16–17)

Die Schöpfungsgeschichte erzählt nicht, wie alles geworden ist. Ihr geht es nicht um die Beschreibung und Erklärung natürlicher Vorgänge, sie hat ein genaueres Interesse: Sie will Sinn stiften, indem sie eine soziale Einrichtung wie die Unterscheidung von Arbeit und Nicht-Arbeit aufnimmt und sozusagen nach oben hin, das heißt auf Gott hin, öffnet. Vollendung liegt nicht im Machen, Sinn liegt im Darüber-hinaus. Die Ordnung des Tuns ist eingelassen in eine andere, eine höhere Ordnung. Diese aber existiert nicht als Über- und Unterordnung der Lebewesen, als Ordnung der Macht, sondern als Ordnung der Zeit für alle.

In den gegenwärtigen Gefährdungen auch der letzten Freiräume der Welt und des menschlichen Lebens durch einen wildgewordenen Kapitalismus kann eine Ahnung für das kritische Potential eines solchen Entwurfs aufkommen. Theologisch gesprochen: Gott schafft einen Raum der Begegnung jenseits der Verfügungsmacht des Menschen. So läßt er sein. Wie trist und trostlos wäre es wohl ohne den Schein des Lichts, das in der strukturierten Zeit für alle aufscheint. Ist dieser Gott, der uns über die Zeit so nahe kommt, überflüssig? Welches Gut wäre so groß, daß es ihn ersetzen könnte? Und können wir auf das Versprechen und die Möglichkeit, die in der gegliederten Zeit für alle liegt, verzichten? Wohin führt unser »Machen«, wenn es nicht mehr umfangen ist von einer Ordnung des Sein-Lassens?

Die Entdeckung der Neuen Gesellschaft als Wille Gottes – oder: Gott als Befreier

Die zweite Entdeckung Gottes im Alten Testament betrifft die Frage nach Gottes Willen für die Menschen. Hier ist die Antwort ähnlich originell wie bei der Frage nach Gottes Wohnort. Denn erstens steht nicht die Forderung Gottes an den Menschen, die Formulierung einer Aufgabe, am Anfang, sondern Gottes Gabe. Und zweitens umfaßt der Wille Gottes nicht alles mögliche, sondern er kreist um ein einziges großes Thema. Wer den fulminanten Auftakt der Bibel mit der Schöpfungsgeschichte aufmerksam liest, ahnt dies schon. Sie erzählt von Gottes zuvorkommender Art. Seine Schöpfung zielt auf die Errichtung eines Lebenshauses für alles Lebendige. Gottes Gabe ist jedoch nicht nur das geordnete Leben. Der Schrift geht es um das befreite Leben und um die Bewahrung der geschenkten Freiheit.

Auch hier lohnt es sich, den bekannten biblischen Geschichten neu Aufmerksamkeit zu schenken; es läßt sich immer noch Neues und Überraschendes in ihnen entdecken. Die ersten Bücher der Bibel berichten nämlich von einem ungewöhnlichen Experiment Gottes. Seine Schöpfungsinitiative läuft auf eine bestimmte Menschengruppe zu, mit der er etwas »anstellen« will zum Wohl aller Menschen. In der christlichen Auslegungsgeschichte der Bibel ist diese Initiative Gottes oft verkannt und als längst überholte Vorstufe verstanden worden. Erst in den letzten Jahrzehnten hat sich die Theologie darangemacht, die tiefe Bedeutung der biblischen Erzählung nachzuvollziehen. Worum geht es? Die Heilige Schrift weiß sehr genau, wie es um den Menschen steht. Sie kennt die Realität der Trennung von Gott, die sich in der Neigung zur Gewalt und schließlich in seiner trostlosen Todesverfallenheit am deutlichsten darstellt. Nachzulesen ist das in den ersten Kapiteln des Buches Genesis/1. Mose, die auf den fulminanten Schöpfungstext im ersten Kapitel folgen. Woher kommt Rettung? Wie wird die Trennung zwischen Gott und den Menschen überwunden? Kurz: Wie geschieht die Befreiung von Gewalt und Tod?

Gott unternimmt alles, »damit es anders anfängt unter uns allen«, um ein Wort der Dichterin Hilde Domin aufzugreifen. Nach der Erzählung der Bibel hat Gott dazu einen ganz einfachen Weg gewählt: An einem Punkt der Geschichte in einer bestimmten, wenn auch etwas abgelegenen Weltgegend startet Gott ein Experiment; es ist das Experiment einer neuen Gesellschaft. Bevor das Neue Platz greifen kann, muß das Alte zurückgelassen werden. Deshalb berichtet die Bibel zweimal von einem Auszug: Zunächst sind es Abraham und Sara, die Erzeltern Israels, die auf Gottes Verheißung hin ihre Heimat verlassen (Gen/1. Mose 11 und 12). Das ist aber nur das Vorspiel eines weit größeren Auszuges: Ein ganzes Volk wird aus der tödlichen Unterdrückung herausgeführt. Es geht keineswegs – wie oft dargestellt – nur um einen Akt der politischen Befreiung, um die Überwindung der Sklaverei. Der ägyptischen König will den Tod der Israeliten (Ex/2. Mose 1). Gott schenkt ihnen im Exodus Leben und Freiheit – beides!

Wird dieser Text der Exodusgeschichte mit biblisch geschärftem Auge gelesen, erhält er eine zusätzliche Sinndimension: Es wiederholt sich auf der gesellschaftlichen Ebene, was am Anfang der Schöpfung geschah. Alles ist noch einmal da, die Finsternis, das Chaoswasser (Ex/2. Mose 12–14). Das Entstehen der neuen Gesellschaft wird also ebenfalls als Schöpfungsgeschichte erzählt. Gott weist das Chaos in der Gestalt des mächtigen Pharao und der ägyptischen Gewaltverhältnisse in die Schranken. Wenn die Bibel erzählt, daß der Pharao mit seinem ganzen gewaltigen Heer von Soldaten und Streitwagen in den Fluten des Meeres versinkt, erregt das heute oft moralischen Anstoß. Viele denken an die unschuldigen ägyptischen Soldaten, die ihr Leben lassen müssen, weil Gott sein Volk befreien will. Daß diese Geschichte verstört, ist allzu verständlich. Aber es darf eben dieser Zug nicht übersehen werden: Es geht um den Tod der Todesmacht, nicht um einen Kriegs-bericht aus alter Zeit. Leben ist nur möglich, wenn Gott den Tod in die Schranken weist. Deshalb ist es so wichtig, die Schöpfungsdimension der Exodusgeschichte mitzubedenken. Der Text will biblisch gehört werden, als Botschaft vom Gott, der das Leben will – und der sich den Todesmächten entgegenstellt. Wer den Text historisch hört, also als Schilderung eines Krieges, verfehlt leicht die Gottesbotschaft des Textes. Die Exodusgeschichte wird auch in der Osternacht gelesen. Das ist ein angemessener Verständnisrahmen für diesen nicht leicht zugänglichen Bibeltext: Gott kämpft für das Leben!

Auch wenn es das Neue nur in der entschiedenen Absetzung vom Alten gibt, reicht die Trennung, reicht der Auszug allein jedoch nicht aus. Das Neue will gestaltet sein. Gerade die Freiheit braucht eine Ordnung, die – bildlich gesprochen – das Zurückfluten der Chaoswasser verhindert. Die ersten fünf Bücher des Alten Testaments widmen sich nach dem »Vorspiel« von Erschaffung der Welt und der Befreiung der Israeliten vor allem diesem Thema: Was ist nötig, um die Freiheit zu bewahren und sie allen zugute kommen zu lassen?

Die christliche Überlieferung hat sich mit diesem Teil der Bibel häufig sehr schwergetan. Die Sprache signalisiert es schon: Was auf die Befreiung aus Ägypten folgt, wird meistens unter der Überschrift »Gesetzgebung am Berg Sinai« zusammengefaßt und so der Eindruck erweckt, hier trete an die Stelle des Lebens in Freiheit der Entwurf einer von Gesetzen und kleinlichen Vorschriften geprägten Religion. Aus der Tendenz heraus, die Botschaft Jesu im Gegensatz zum Judentum zu profilieren, wurde die Botschaft vom Sinai vielfach schlichtweg auf den Kopf gestellt. Heute sehen wir deutlicher als früher den hohen Preis, den das Christentum – vor allem aber das Judentum – für dieses schuldhafte christliche Mißverständnis der Bibel zu entrichten hatte.

Die »Gesetzgebung am Sinai« hat eine Präambel, in der Grund und Ziel aller nachfolgenden Vorschriften Gottes für sein Volk festgehalten sind:

> »Im dritten Monat nach dem Auszug
> der Kinder Israels aus dem Land Ägypten,
> an diesem Tage, kamen sie in die Wüste Sinai ...
> Israel lagerte dort dem Berg gegenüber,
> Mose aber stieg zu Gott hinauf,
> und Gott rief ihm vom Berg her zu:
> So sollst du sprechen zum Haus Jakob
> und verkünden den Kindern Israels:
> Ihr habt gesehen, was ich an
> Ägypten getan habe,
> und wie ich euch auf Adlerflügeln getragen
> und euch zu mir gebracht habe.
> Und nun: Wenn ihr hört,
> hört auf meine Stimme
> und meinen Bund haltet,
> werdet ihr mein besonderes Eigentum
> aus allen Völkern sein.
> Zwar gehört mir die ganze Erde,
> ihr aber sollt mir ein priesterliches Königreich
> und ein heiliges Volk sein.«
> (Ex/2. Mose 19,1–6)

Der Text blickt zuerst zurück auf die Erfahrung der Befreiung und öffnet dann den Blick nach vorn auf die Begründung einer dauerhaften Nähe Gottes zu seinem Volk. Im Hören auf die Stimme des Rettenden geschieht die Beziehung, wird sie immer neu Wirklichkeit. Alles wird falsch, wenn die auf die zitierte Präambel folgenden umfangreichen und manchmal wirklich ermüdend zu lesenden Aneinanderreihungen von Ge- und Verboten »objektiv«, das heißt unabhängig von dieser lebendigen Beziehung verstanden werden. Dann ist Gott als das Ereignis der Rettung aus tödlicher Bedrohung und als das Ereignis geschenkter Freiheit ebenso aus dem Blick geraten wie das schon mit Freiheit beschenkte Volk und die Beziehung zwischen beiden. Der Gott, der von Anfang an für das Leben eintritt, will auch mit seinem Gesetzen, die er dem Volk Israel schenkt, nichts anderes als Leben und Freiheit.

In dem, was wir mißverständlich »Gesetz« nennen und was die Bibel als »Tora«, Lebens-Weisung für das gelingende Zusammenleben bezeichnet, findet Israel seine Gottesbeziehung. Es erfährt darin eine grundlegende Verwandlung, die in der Sprache der Bibel »Heiligung« heißt. Diese Sprache mag unvertraut sein, die Sache ist dennoch leicht verständlich: Wer Gott so nahe gekommen ist, wie das Volk, das er »zu sich gebracht hat«, wird heilig, hat Teil am göttlichen Glanz. Das »heilige, priesterliche Volk«, von dem der eben zitierte Text spricht, ist nicht das Ergebnis einer moralischen Kraftanstrengung, sondern die notwendige Konsequenz der neuen Gottesbeziehung. Die vielen Einzelbestimmungen der nachfolgenden Kapitel und Bücher bringen nur zum Ausdruck, wie tief die neue Beziehung alle Bereiche des Lebens erfaßt. Eine ernste Beziehung wirkt sich auf alle Bereiche des Lebens der Partner aus. Nicht anders ist es mit der Gottesbeziehung Israels. Daher rühren in der Bibel die vielen »Gesetze«, die noch die letzten Bereiche des menschlichen Lebens betreffen. Sie sind von ihrem Ursprung her kein ohnmächtiger Versuch, auf Gott Einfluß nehmen zu wollen, sondern sie reflektieren den göttlichen Glanz einer neuartigen Gesellschaft.

Das alles bleibt keine abstrakte theologische Theorie, die wenig verändert. Die Bibel denkt ganz konkret, für uns oft überraschend und fast bizarr, wenn zum Beispiel sogar der behutsame Umgang mit zufällig gefundenen Vogelnestern geregelt wird (Dtn/5. Mose 22,6). Aber nur wenn die Beziehung so konkret begriffen wird, folgt wirklich für alle und für alles etwas aus dem göttlichen Geschenk der Freiheit.

Die für uns vielleicht unüberschaubaren neuen Regeln für das befreite Volk lassen sich in einigen Grundzügen zusammenfassen: Erstens: Die Lebens- und Sozialordnung des Gottesvolkes setzt Gott an die Stelle der Götzen. Sie weiß zu unterscheiden zwischen Gott und Welt, weil nur dies jeden Versuch einer Vergötterung und Vergötzung von Weltlichem unterbindet. Die Position »Gott« ist gewissermaßen immer schon besetzt, und nichts und niemand braucht entsprechende Ambitionen zu entwickeln. Zweitens: Die Lebens- und Sozialordnung des Gottesvolkes steht unter der Überschrift: »Ihr sollt nie wieder Sklaven sein oder andere dazu machen«. Das ist die Lehre aus der Ägypten-Erfahrung. »Ägypten« – mit seiner Bedrohung der Freiheit und des Lebens – lauert überall, und es braucht ein feines, kritisches Gespür für Rückfälle in die Unfreiheit. Drittens: Die Lebens- und Sozialordnung des Gottesvolkes bezieht die Schwächsten der Gesellschaft mit ein – ihr Schutz und ihre Lebensmöglichkeiten sind sogar der Maßstab für die Lebensqualität der ganzen Gesellschaft.

Biblische Gottesrede ist nicht ablösbar von dieser gesellschaftlichen Konkretisierung. Wo dies dennoch geschieht (und es ist im Christentum im Laufe der 2000 Jahre sehr oft geschehen), wird das Heil spiritualisiert und individualisiert. Beides, die Spiritualisierung, die »Ent-Körperlichung«, und die Individualisierung, die »Ent-Gesellschaftlichung«, macht die Rede von »Gott« unverständlich und unwahr. Gottes Bedeutung für den gemeinsam geteilten Alltag wird so weder erfahrbar noch mitteilbar. Hier haben Christinnen und Christen in der Wiederentdeckung des besonderen alttestamentlichen Profils viel zu lernen. Die Erinnerung dieser »verlorenen Dimension des Christentums« (Norbert Lohfink) hat gerade erst begonnen und verspricht noch tiefgreifende Veränderungen im christlichen Selbstverständnis. Gerade der intensive Kontakt mit dem Judentum und das Bedenken der bleibenden Verbindung zwischen Christentum und Judentum haben im Christentum vieles verändert und werden noch zu mancher »Reform« im Christentum führen:

Wie wäre es denn, wenn an die Stelle einer immer geschickteren Vermarktung des Christentums und einer noch geschmeidigeren Anpassung die deutlichere Kontrastierung zu manchen Selbstverständlichkeiten und angeblichen Sachzwängen spät- und postmoderner Gesellschaften träte? Gottesglaube im biblischen Verständnis ist nicht ohne Exodus, ohne einen Auszug denkbar. Wie wäre es denn, wenn an die Stelle traditionalistischen Festhaltens an bestimmten religiösen Ausdrucksformen das Bemühen um neue Formen der Vergemeinschaftung träte? Gottesglaube drängt hin zu einer neuen Form des Zusammenlebens, zu einer Gesellschaft neuen Typs, in der Leben und Freiheit als Gottes Geschenk für alle begriffen werden und die Beziehungen der Menschen untereinander aus dieser Vorgabe gestaltet werden. Keine Frage: Es gibt keinen direkten Anschluß an überlieferte biblische Lebensformen; nur Biblizisten und Fundamentalisten leugnen die kulturelle Differenz von 2000 Jahren. Aber der beschriebene Zug ins Konkrete, genauer: in die gesellschaftliche Gestaltung des Gottesglaubens, ist eine unverzichtbare Vorgabe der biblischen Gottesrede. Ein Glaube, der sich radikal privatisiert und auf eine Nische in einer hochdifferenzierten Gesellschaft beschränkt, hat seine lebensgestaltende Funktion verloren, denn »Leben« verweist auf Ganzheit. Die Identität des Gottesglaubens ist nach biblischem Verständnis nur im Zusammenhang und in der Gestalt des konkreten gesellschaftlichen Lebens zu finden.

Die Anschaulichkeit und Verständlichkeit der Rede von Gott hängt nach biblischem Verständnis nicht zuerst an ihrer philosophischen Genauigkeit und Schlüssigkeit. Biblisch wird Gott »definiert«

durch die Befreiungsgeschichte einer benennbaren Gruppe von Menschen und durch die Stiftung eines neuen hoffnungsvollen Anfangs inmitten der Völkerwelt, gewissermaßen einer »anti-ägyptischen« Art von Gesellschaft. Beides gehört zusammen: die Befreiung und die neue Gesellschaft. Der Wille Gottes hat nicht dies und das zum Inhalt. Alles, was am Sinai Israel als Gotteswille mitgeteilt wird, zielt auf die Formung einer neuen Art von Gesellschaft.

Das ist ein klares Kriterium für alle Glaubensgemeinschaften in der Tradition des biblischen Israel: Sind sie in ihrer Andersartigkeit und befreienden Neuheit schon so erkennbar, daß andere sagen: »Da wollen wir hin!«? Fassen die anderen die Glaubenden schon am Ärmel und verlangen: »Wir wollen mit euch gehen, denn wir haben gehört, Gott ist bei euch!« (Sach 8,23)?

Die Entdeckung der Unverrechenbarkeit Gottes
– oder: Gott als ...? – Gott!

Im Nachvollzug der Dynamik der biblischen Anfangserzählung sind zwei wichtige Aspekte des biblischen Gottesverständnisses und ihre Herausforderung deutlich hervorgetreten: Die Versuchung, Vollendung selbst zu leisten, und die Flucht vor der gesellschaftlichen Konkretheit der Gottesbeziehung.

Damit sind tragende Aspekte des biblischen Gottesbildes benannt. Es fehlt jedoch noch die dritte Entdeckung. Eine Entdeckung, die in hohem

Maße irritiert, und zwar damals wie heute: Es handelt sich um die Entdeckung der Unverrechenbarkeit Gottes, man könnte sogar in aller Vorsicht von der Entdeckung der Nutzlosigkeit Gottes sprechen. Es ist schwer, einen passenden Ausdruck für diese besondere »Eigenschaft« Gottes zu finden. Was ich damit meine, läßt sich am besten an der vielleicht abgründigsten aller biblischen Gottesgeschichten aufzeigen. Es ist eine Erzählung, die die Frage »Was habe ich davon, an den Gott der Bibel zu glauben?« unterläuft, ja diese Frage nach dem Nutzwert geradezu vom Tisch wischt. Ich meine die Erzählung von der Opferung des Isaak:

»Danach geschah es:
Gott stellte Abraham auf die Probe.
Er sprach zu ihm:
Nimm deinen Sohn, deinen einzigen,
den du liebst, Isaak,
und geh in das Land Morija und opfere
ihn dort als Brandopfer
auf einem der Berge, den ich dir nennen
werde.«
(Gen/1. Mose 22)

Diese biblische Geschichte führt damals wie heute die Leserinnen und Leser an die Grenzen des Glaubens an Gott. Sie verstört in hohem Maße, aber sie kann auch helfen, Gott als den ganz anderen zu entdecken. Wenn wir Gott als transzendent bekennen, bleibt das oft ein blasses Fremdwort. Was das im Horizont der Erfahrungen des Lebens heißen kann und wie ein Leben mit diesem Gott möglich ist, will die Geschichte einholen. Diese Geschichte geht bis an die Grenze dessen, was über Gott gesagt werden kann. Gerade deshalb lohnt es sich, bei ihr zu verweilen. Wer sie schnell vom Tisch wischt, nimmt sich Möglichkeiten, auch extreme Lebenserfahrungen im Glauben zu verstehen. Deshalb soll dieser »Versuchungsgeschichte« – so könnte man sie etwas ungewohnt, aber zutreffend auch bezeichnen – im folgenden die besondere Aufmerksamkeit gelten.

2. Mit Abraham an den Grenzen des Glaubens

In dieser Geschichte scheint – durch einen göttlichen Befehl – das Verhältnis zwischen den Menschen und das Kräftespiel zwischen Gott und Mensch aus den Fugen zu geraten. Diese Geschichte von Abraham, der auf Gottes Befehl seinen einzigen Sohn, Isaak, den er liebt, als Brandopfer darbringen soll, wühlt auf und verstört. Deshalb sind auch die beschwichtigenden Deutungen schnell zur Hand und weit verbreitet: »ein Mißverständnis, eine Einbildung Abrahams, alles gar nicht so gemeint«, »eine fromme und etwas übertriebene Beispielgeschichte«, »nur eine Prüfung – und daher nicht ganz so ernst gemeint«, »eine didaktische Erzählung von der Abschaffung des in alter Zeit angeblich verbreiteten Menschenopfers«.

Lassen wir diese immer um Beschwichtigung und Entschärfung bemühten oder leicht ins Banale abrutschenden Deutungen einmal beiseite. Der Text ist härter und unbequemer als die bekannten Deutungen und widersteht den Versuchen, ihn zu zähmen. Es ist eine der ganz großen Gottesgeschichten der Bibel, die nicht auf das Maß unserer Wünsche und Erwartungen zurückgeschnitten werden können. Blicken wir zunächst auf diesen so irritierenden Abschnitt aus dem 22. Kapitel des ersten Buches der Bibel in einer von mir angefertigten Neuübersetzung, die dem hebräischen Original sehr nahe kommt und uns in die fremdartige Welt dieser Geschichte hineinnimmt:

»1 Es geschah nach diesen Begebenheiten,
Gott prüfte Abraham
und sagte zu ihm:
    Abraham!
Und er sagte:
    Siehe, hier bin ich!
2 Und er sagte:
    Nimm doch deinen Sohn, deinen einzigen,
    den du liebst, Isaak,
    und geh für dich in das Land (des) Morij-JAH
    und opfere ihn dort zum Brandopfer auf einem
    der Berge,
    den ich dir sagen werde.
3 Abraham stand früh auf am Morgen, sattelte seinen Esel, nahm seine beiden Knechte mit sich und Isaak, seinen Sohn, spaltete Brandopferhölzer, machte sich auf und ging zu dem Ort, den ihm Gott gesagt hatte.

4 Am dritten Tag erhob Abraham seine Augen und sah den Ort von fern.
5 Abraham sagte zu seinen Knechten:
    Bleibt hier bei dem Esel,
    ich und der Knabe, wir werden bis dorthin
    gehen

und anbeten
und zu euch zurückkehren.
6 Und Abraham nahm die Brandopferhölzer
legte sie auf Isaak, seinen Sohn, und nahm in seine
Hand das Feuer und das Messer.
Und sie gingen beide zusammen.
7 Isaak sagte zu Abraham, seinem Vater:
Mein Vater!
Und er sagte:
Siehe, hier bin ich, mein Sohn!
Und er sagte:
Siehe, hier sind das Feuer und die Hölzer,
und wo ist das Schaf zum Brandopfer?
8 Und Abraham sagte:
Gott wird sich [er-]sehen das Schaf zum Brandopfer, mein Sohn.
Und sie gingen beide zusammen.
9 Sie kamen zu dem Ort, den ihm Gott gesagt hatte.
Abraham baute dort den Altar,
schichtete die Hölzer auf
band Isaak, seinen Sohn,
und legte ihn auf den Altar oben auf die Hölzer.
10 Und Abraham streckte seine Hand aus und
nahm das Messer, um seinen Sohn zu schächten.
11 Der Bote JHWHs rief ihn vom Himmel her an
und sagte:
Abraham! Abraham!
Und er sagte:
Siehe, hier bin ich!
12 Und er sagte:
Nicht sollst du ausstrecken deine Hand gegen
den Knaben,

und nicht sollst du ihm irgendetwas tun!
Denn nun weiß ich, dass du gottesfürchtig bist;
denn nicht hast du mir deinen Sohn, deinen einzigen, vorenthalten.

13 Abraham erhob seine Augen
und sah,
und siehe hier: ein Widder hinten –
er hatte sich verfangen im Gestrüpp mit seinen Hörnern.
Abraham ging
und nahm den Widder
und opferte ihn zum Brandopfer anstelle seines Sohnes.
14 Abraham rief den Namen jenes Ortes:
   JHWH sieht,
   wie heutzutage gesagt wird:
   Auf dem Berg JHWHs, [wo] er gesehen wird/ sieht.
15 Der Bote JHWHs rief Abraham ein zweites Mal vom Himmel her an
16 und sagte:
   Bei mir schwöre ich hiermit – Spruch JHWHs:
   Weil du diese Sache getan hast
   und deinen Sohn, deinen einzigen,
   nicht vorenthalten hast,
   17 deshalb werde ich dich wahrhaftig segnen
   und deinen Samen wahrhaftig zahlreich machen
   wie die Sterne des Himmels
   und wie den Sand, der am Ufer des Meeres ist,

Es wird dein Same das Tor seiner Feinde in Besitz nehmen.
18 Es sollen für sich Segen erlangen durch deinen Samen
alle Völker der Erde,
weil du auf meine Stimme gehört hast.
19 Abraham kehrte zu seinen Knechten zurück,
und sie machten sich auf
und gingen zusammen nach Beerscheba.
Und Abraham blieb in Beerscheba.«

Die Geschichte geht – Gott sei Dank – gut aus! Ja, sie endet mit einem schier überbordenden Segen. Aber der gute Ausgang mildert nicht das Schockierende ihres Anfangs und die Ungeheuerlichkeit ihres Verlaufs, bis der Himmelbote buchstäblich in letzter Sekunde Einhalt gebietet. Der grandiose Schluß kann den völlig unfaßbaren Anfang nicht vergessen machen.

Bevor ich mich dieser dramatischen Geschichte stelle, muß ich eine Blockade ansprechen, die die Wahrnehmung dieser Erzählung zusätzlich zum kaum erträglichen Inhalt erschwert: Es ist die Meinung, solche Geschichten der Bibel wollten uns vor allem vorschreiben, was wir zu tun hätten.

Wer die Erzählung von Gott und Abraham so hört und liest, stellt jedoch sich und die eigene Leistung in den Vordergrund und macht aus der erzählerisch entfalteten Gottesbotschaft, die das Leben erschließen und weiten kann, eine Forderung, die einengt und schlichtweg unerträglich wäre. Es braucht nicht erst den Einspruch des modernen, aufgeklärten Subjekts, die Bibel selbst hält unmißverständlich fest, daß Gott solche Opfer weder braucht noch will (Mi 6,7; ferner Ex/2. Mose 13,13; 22,28; 34,20). Die Erzählung von Abraham und Isaak gleichsam als höhere Dienstanweisung gelesen – das ist eine menschlich und theologisch ganz unmögliche Vorstellung. Solche Geschichten der Bibel sollten nicht als Anweisungen verzweckt werden. Statt An-Weisung können sie Ein-Weisung und Lebens-Weisung sein: Geschichten, die die Gotteserfahrungen nicht nur einer Person, sondern eines ganzen Volkes einsammeln und bewahren und uns die Möglichkeit geben, unsere eigenen Lebenserfahrungen – auf Gott hin – zu entschlüsseln. Wir würden die Geschichte schon deshalb heute ganz anders erzählen, weil seit der Entdeckung der Kindheit vor gut zweihundert Jahren Isaak für uns eine Person mit eigenen Rechten ist, die der Verfügung Abrahams Grenzen setzen.

Wie zeigt nun gerade diese Geschichte, die wie ein Prankenhieb wirkt, eine Geschichte, vor der man am liebsten davonlaufen möchte, ihre das Leben erschließende und zum Glauben helfende Kraft?

Der Prophet Jesaja spricht mit Blick auf Abraham von denen, die aus dem Vertrauen auf Gott neue Kraft schöpfen (Jes 40,31). Ich möchte im folgenden drei Anstöße geben, wie diese Geschichte zu einer trostreichen, einer aufbauenden Geschichte werden kann, die unsere Ohnmacht in Kraft verwandelt und das Bild eines »all-mächtigen Gottes« mit den Erfahrungen des Lebens verbindet.

Der erste Anstoß: Sich der Geschichte stellen –
weil sie die Bilder von Gott zerbricht

Es ist gut, daß es unter den vielen Gottesgeschichten der Heiligen Schrift auch eine Geschichte wie diese gibt, die den Verstand einfach überfordert. Wie wichtig diese Geschichte für das biblische Gottesbild ist, läßt sich daran ablesen, daß sie gleich am Anfang der großen Beziehungsgeschichte zwischen Gott und Israel steht. In Abraham schaut das Gottesvolk sich selbst an. Abraham ist das Beispiel des Menschen, der an den Gott Israels glaubt. Was für Abraham gilt, gilt für alle auf den Wegen des Glaubens. Deshalb kommt diesen Geschichten um Abraham – und nicht zu vergessen: um seine Frau Sara – in der Bibel eine Schlüsselrolle zu. An Abraham läßt sich Gültiges für das Gottesbild des Alten wie des Neuen Testaments lernen.

Zunächst einmal scheint alles zu Ende zu sein. Jedes Vertrauen auf einen festen und sicheren Halt in Gott! Hatte Gott nicht Großes mit Abraham vor? Was wird aus der Verheißung Gottes, Abraham zu einem großen Volk zu machen, wenn der Sohn Abrahams auf Gottes Befehl hin geopfert wird? Der göttliche Opferbefehl ist genauso verstörend wie die wortlose Fügsamkeit des Vaters. Hier gilt plötzlich nichts mehr, nicht einmal mehr das Wort Gottes, auf das hin Abraham und seine

Frau Sara ausgezogen waren (Gen/1. Mose 12). Mit dem Befehl stellt Gott sich selbst in Frage. Keine andere Geschichte der Bibel rührt in dieser abgründigen Weise an unsere Vorstellungen von Gott und Mensch – nur noch die Jesus-Geschichte, in der der liebende Vater im Himmel für »seinen Sohn, seinen einzigen, den er liebt« (vgl. Joh 3,16 und Röm 8,32), das Kreuz bereithält.

Die erste Erfahrung, die diese Geschichte von Gott, Abraham und Isaak vermittelt, ist, daß sie die Bilder von Gott sprengt. Gerade der treu Glaubende, der an Gottes Verheißung gegen allen Augenschein festhält, wird von Gott selbst in eine Situation geführt, in der Gott zum Problem wird. Erzählerisch wird in diesem Bibeltext ausgelotet, was es bedeuten kann, wenn Gott Großes mit Menschen vorhat. Die Geschichte eröffnet die Chance, den Gott der Bibel tiefer kennenzulernen. Sie leuchtet die Abgründe der Hilflosigkeit aus, in die der Glaube führen kann.

Die Bibel stellt sich in dieser Geschichte der Herausforderung des Lebens. In jeder menschlichen Beziehung kann es extreme Erfahrungen der Ohnmacht, der Hilflosigkeit, der Tragik geben. Sollte es da in der Gottesbeziehung grundsätzlich anders zugehen? Die biblische Erzählung nimmt den bisweilen harten Realismus und die Widersprüchlichkeit unserer Lebenserfahrungen in die Beziehung zu Gott hinein. Die gewohnten Gottesbilder zerbrechen oft in solchen Situationen. Abraham hat ähnliches erfahren; sein Beispiel und Vorbild kann trösten.

Der zweite Anstoß:
Sich von der Geschichte mitnehmen lassen –
weil sie uns Gottvertrauen zeigt

Wohin führt uns eine solche Geschichte? Was erschließt sie? – Der mittelalterliche jüdische Theologe Maimonides (auch Rambam genannt; er lebte von 1135 bis 1204) sieht in ihr einen Ausdruck der Pflicht des Menschen, auch ohne Hoffnung auf Belohnung oder Angst vor Strafe Gott zu lieben. Das ist eine Spur, die weiterführt. Biblische Geschichten wie diese irritieren die gewöhnlichen Vorstellungen, weil sie die Machtkalküle und Kosten-Nutzen-Rechnungen im Verhältnis zu Gott durchstreichen. Der Kapitalismus im Kopf, so will ich das einmal nennen, der fragt »was habe ich davon, wenn ich an Gott glaube?«, stößt sich an solchen Geschichten. Der französische Philosoph Emanuel Lévinas spricht von einer »dévotion sans promesse«, einer Liebe zu Gott, die nicht unter dem Vorzeichen der Hoffnung auf Belohnung steht.

Das ist der gleiche für den Glauben grundlegende Gedanke, den Karl Rahner wenige Jahre vor seinem Tod in einem bewegenden theologischen Aufsatz mit dem Titel »Die unverbrauchbare Transzendenz Gottes und unserer Sorge um die Zukunft« so beschreibt: »Die christliche Botschaft von Gott, der sich als er selber in Gnade als unser ewiges Leben anbietet, ist uns als eine jenseits von irdischer Hoffnung und Angst, von Optimismus und Pessimismus angeboten und mitgeteilt, allerdings unter der absolut unersetzlichen Bedingung, daß wir ... diesen

Gott nicht zum Mittel unserer Zukunftssorge und zum Analgetikum unserer Lebensangst machen, sondern es durch Gottes Gnade vielmehr fertig bringen, die Transzendenz Gottes unverbraucht ... sein zu lassen ... Das Christentum besteht unerbittlich darauf, daß die Liebe zu Gott um seiner selbst willen das letztlich allein Rettende ist.« Das ist die Liebe, »in der man sich selber über Gott vergißt, ihn um seiner selbst willen liebt, anbetet«.

Das sind harte Gedanken, die leider auch in der kirchlichen Verkündigung viel zu selten vorkommen (oder, wenn sie denn vorkommen, bisweilen zur subtilen Drohung umfunktioniert werden, mit der für irgendwelche Zwecke gefügig gemacht werden soll), obwohl sie den Kern des biblischen Gottesglaubens betreffen. Rahner umschreibt damit den positiven Kern des biblischen Opfergedankens und des Gebotes der Gottesliebe. Der Glaube, um den es hier geht, ist nicht zu verwechseln mit einer moralischen Kraftanstrengung. Gott will nicht, daß wir »Söhne« opfern! Aber in der Gottesliebe wird ein Punkt der Selbstlosigkeit angezielt, über den sich nur in extremen (und dann auch sehr leicht mißverstandenen) Beispielgeschichten reden läßt.

Gott führt Abraham aus dem Gewohnten heraus. So hatte seine Geschichte ja angefangen: »Geh fort aus deinem Land, aus deiner Verwandtschaft und aus deiner Familie in das Land, das ich dir zeigen werde« (Gen/1. Mose 12,1–3) In der jüdischen Überlieferung steht das ganze Leben Abrahams unter der Überschrift »Prüfung« oder »Versuchung«, je nachdem, wie man übersetzt: »Durch zehn Prüfungen mußte Abraham hindurch. Abraham bestand sie alle. Dadurch sollte gezeigt werden, wie groß die Gottesliebe des Stammvaters war« (Sprüche der Väter V,4). Das ganze Leben Abrahams steht unter dem Anruf Gottes, vom ersten Auszug, dem Weggang aus seiner Heimat, bis zum letzten Aufbruch zu dem von Gott gewiesenen Ort des Opfers. Nach jüdischer Deutung ist diese letzte Prüfung zugleich der Höhepunkt dieser Serien von Glaubensproben.

Das Stichwort »Prüfung« oder »Versuchung« beschreibt die Gotteserfahrungen des Glaubens-Vaters insgesamt. In der Auslegung der neutestamentlichen Versuchungsgeschichte im zweiten Teil dieses Buches ist über Jesus Entsprechendes zu lesen. Bei dieser letzten und größten der Gott-Abraham-Erzählungen angekommen, zeigt sich: Der Auszugsbefehl von damals war kein einmaliger Akt; er beschreibt das Grundgesetz der Gottesbeziehung, ein Muster, das immer wiederkehrt. So funktioniert, so »geht« der Glaube – im wahrsten Sinne des Wortes: Die Beziehung führt immer wieder neu aus dem Vertrauten, Gewohnten, Liebgewordenen heraus. Vor der Erneuerung des Segens liegt eine lange Wegstrecke des Fragens, des Dunkels, der Ungewißheit. Die Bibel nennt diese Erfahrung »Versuchung«. Und mit der Erneuerung des Segens hört dies nicht auf; denn in der Spur Abrahams erlebt das Gottesvolk seinerseits, daß es ihm nicht anders ergeht als dem »Ur-Vater« des Glaubens. Gott sprengt die Kalküle, auch – und gerade – die der »Frommen«, weil er sie mit der

»Erfahrung des Unmäßigen« (Stéphane Mosés) konfrontiert, das er selbst ist. Vor Gott gilt eine andere Logik als die der berechnenden Vernunft.

Jetzt wird endgültig klar, daß es in Gen/1. Mose 22 nicht um das moralische Problem geht, ob ein Vater Gott sein Kind opfern darf, oder um die Frage, ob Menschenopfer von Gott gewollt sind. Wird die Geschichte so gelesen, verliert sie ihr besonderes theologisches Profil. Es ist die Lebensgeschichte Abrahams, die Lebens- und Glaubensgeschichte eines Frommen, deren Tiefen hier ausgeleuchtet werden. Und darin wird auch Gott »ausgeleuchtet«.

Im Nachvollzug der biblischen Erzählung läßt sich das alles noch irgendwie leicht sagen. Aber ist so etwas lebbar? Abraham ist unterwegs zum Berg »Morija«. Vom hebräischen Wortklang her läßt sich aus diesem Namen eine Verheißung heraushören, die Verheißung, daß der biblische Gott JHWH »sieht«. Der Kirchenvater Hieronymus, der die Bibel ins Lateinische übersetzt hat, umschreibt den Ortsnamen als »Land der Schauung Gottes« (»terram visionis«). So nimmt der Anfang der Geschichte in Vers 2 bereits die Lernerfahrung, die Abraham in Vers 14 festhält, andeutend vorweg. Auf dem Weg zu diesem Ziel spricht Abraham verhalten gegenüber seinen Begleitern aus, was er von Gott erhofft. Es kommt so leise daher, daß es leicht überhört werden kann:

Gegenüber den Knechten deutet Abraham an, daß er mit dem Sohn zu ihnen zurückkehren wird (Gen/1. Mose 22,5). Man mag das an dieser Stelle noch für eine Ausflucht des Vaters halten können, der nicht mit der ganzen Wahrheit herausrücken will. Auf die Frage Isaaks jedoch, wo denn das Tier für das Brandopfer sei, antwortet er: »Gott wird sich das Schaf zum Brandopfer ›ersehen‹, mein Sohn.« Damit stellt er den Ausgang der Sache ganz und gar Gott anheim. Und am Ende bekennt er, daß Gott an diesem Orte »gesehen hat und sieht und gesehen wird« – er bekennt seinen Glauben an den Gott, der sieht, das heißt: die Not wendet und auf wunderbare Weise den Widder »schickt«.

Mir ist vor einigen Jahren aufgefallen, daß die katholische Feier der Osternacht diese Haltung Abrahams übernimmt und liturgisch nachvollzieht. Nicht nur, daß in dem langen Reigen der Lesungen aus dem Alten Testament in der österlichen Nachtfeier als zweite Lesung die Geschichte von Abraham und Isaak gelesen wird. Im Anschluß an diese Lesung soll ein Vers aus Psalm 16 gesungen werden, in dem die Gemeinde ihr Vertrauen auf den das Leben behütenden Gott bekennt: »Behüte mich, Gott, denn ich vertraue auf dich.« Dort, wo der lateinische Choral gesungen wird, ist die Antwort der Gemeinde auf die Lesung noch treffender: Der Chor singt:

»Custodi me ut pupillam oculi
sub umbra alarum tuarum protege me!«

»Behüte mich, wie d(ein)en Augapfel,
unter dem Schatten deiner Flügel beschütze mich.«
(Psalm 17,8)

Die Gemeinde sagt damit: Wir wissen, daß wir im Gehen auf deinen Wegen, Gott, in Situationen kommen können, die der des Abraham und Isaak gleichen. Aber wir bitten dich, Gott, daß Du uns darin beschirmen mögest. Und wir vertrauen Dir, daß Du es gut meinst und zu einem guten Ende bringst.

Der dritte Anstoß: Sich von der Geschichte begleiten lassen – weil sie eine Geschichte der Gottesfreundschaft ist

In der christlichen Auslegungsgeschichte (nicht zuletzt auch in der Religionspädagogik) läßt sich immer wieder beobachten, daß diese Geschichte beiseite geschoben wird: »Das ist nicht der eigentliche Gott der Bibel, der Gott und Vater Jesu Christi ist anders« – so ist nicht selten zu hören. Hier ist Vorsicht geboten, eine Zurückhaltung gegenüber schneller »Bibelkritik« und eine Achtung vor dem Erfahrungsreichtum, den solche Geschichten in den Jahrhunderten gleichsam in sich aufgenommen haben. Es sind gar nicht unsere Geschichten, und wir haben über diese Erfahrungszeugnisse anderer nicht zu richten. Die Geschichten gehören den Menschen, die mit ihnen ihre Gotteserfahrungen verbinden. Wir können uns diesen großen Geschichten nur vorsichtig nähern und fragen, ob sie uns helfen könnten, das eigene Leben besser zu verstehen. Da wäre vom Judentum viel zu lernen!

Mehr noch als in der christlichen Liturgie wird im Judentum die Abraham-Isaak-Geschichte zum Schlüsseltext für die Gottesbeziehung. Ihre schwindelerregende Tiefe kann die unterschiedlichsten Gotteserfahrungen einsammeln. Der Abraham, der durch diese »Prüfung« gegangen ist, wird zum Beispiel der Frommen. Im jüdischen Gebet wird Gott immer wieder daran erinnert, den Abraham geschenkten Segen einzulösen und seine Verheißung Wirklichkeit werden zu lassen.

Im Judentum ist die Abrahamgeschichte fest mit der Liturgie des Neujahrsfestes (Rosch Haschanah) verbunden, an dem das Blasen des Widderhorns Schofar Gott an die »Bindung Isaaks« erinnern und so zur Vergebung veranlassen soll. Nach dem Sidur, dem jüdischen Gebetbuch, wird am Neujahrsfest mit folgenden Worten auf diese Erzählung Bezug genommen:

»Unser Gott und Gott unserer Väter,
gedenke unser in gutem Gedenken vor dir
und lass uns den Beschluss der Hilfe
und des Erbarmens
von den höchsten Himmelshöhen
zuteil werden.
Gedenke unser, Ewiger, unser Gott,
des Bundes, der Gnade und des Schwures,
den du unserem Vater Abraham auf dem Berg
Morija zugeschworen.
Es erscheine vor dir die Bindung,
als unser Vater Abraham
seinen Sohn Isaak auf dem Altare band und
sein Mitleid bezwang,
um deinen Willen mit ganzem Herzen
zu erfüllen.

So möge dein Erbarmen deinen Zorn
von uns abwenden.«

Im Gebetbuch der liberalen Juden heißt es:

»Wir aber sind dein Volk,
die Kinder deines Bundes.
Wir sind die Kinder Abrahams,
den du geliebt hast
und dem du auf dem Berg Moria
eine Verheißung gegeben hast.
Wir sind die Nachkommen Isaaks,
der für dich auf dem Altar gebunden wurde.«

Und an anderer Stelle:

»Der Klang des Schofar hallt in
unserer Geschichte wider.
Sein Ton ruft die Bindung Isaaks
ins Gedächtnis.
Er verweist uns auf Abraham, unseren Vater,
der zu solch einem Opfer bereit war.
Die Kraft des Schofartons erinnert
an jene Kraft,
der unser Volk am Sinai begegnet ist,
dieselbe Kraft, die uns heute hier
zusammenführt.«

Abrahams Glaubensweg tröstet, sein Beispiel führt
aus der Mutlosigkeit und Ohnmacht heraus. Die
Geschichte will nicht niederdrücken; sie richtet
auf, weil sie von einem Menschen erzählt, der

einen besonderen Platz bei Gott bekommen hat. Alle Späteren können darauf blicken, und sie können Gott daran erinnern.

Aber nicht erst in der jüdischen Auslegung der nachbiblischen Zeit, sondern schon innerhalb des Alten Testaments ist zu beobachten, wie das Beispiel des durch alle Höhen und Tiefen der Gotteserfahrung hindurchgegangenen Abraham den Müden und Matten aufhilft und ihnen Kraft und Stärke verleiht. Beim Propheten Jesaja (Jes 40,27–31; 41,8–10) wird Abraham, der Freund Gottes, zum Beispiel, an dem sich das mutlose Volk aufrichten kann, wenn es nicht nur schmerzlich die eigene Ohnmacht erfährt, sondern auch an der Macht Gottes verzweifelt und damit gänzlich seinen Halt zu verlieren droht:

»Was sprichst du, Jakob,
und was redest du, Israel:
‚Mein Weg ist JHWH/dem Herrn verborgen
und meinem Gott entgeht mein Recht?‘
Weißt du es nicht,
hast du es nicht gehört?

Ein ewiger Gott ist JHWH,
der Schöpfer der Enden der Erde.
Er wird nicht müde und nicht matt,
unerforschlich ist seine Einsicht.
Er gibt dem Müden Kraft,
dem Ohnmächtigen verleiht er große Stärke.

Die Jungen werden müde und matt,
junge Männer stolpern und stürzen.

Die aber, die JHWH vertrauen,
schöpfen Kraft,
sie bekommen Flügel wie Adler.
Sie laufen und werden nicht matt,
sie gehen und werden nicht müde.

Du, Israel, mein Knecht,
Jakob, den ich erwählte,
Nachkomme Abrahams, meines Freundes:
Ich habe dich von den Enden der Erde geholt,
von ihren Rändern habe ich dich gerufen.
Ich habe zu dir gesagt: ›Mein Knecht bist du!‹
Ich habe dich erwählt und dich
nicht verschmäht.

Fürchte dich nicht, denn ich bin mit dir!
Hab keine Angst, denn ich bin dein Gott!
Ich helfe dir, ja, ich mache dich stark,
ja, ich halte dich mit meiner zuverlässigen
Rechten.«

Abraham hält auf dem Höhepunkt seiner dramatischen Gotteserfahrung fest, daß sein Gott
ein sehender Gott ist (Gen/1. Mose 22,14), wie
dies früher die von ihm verstoßene Nebenfrau
Hagar getan hatte: »Habe ich hier nicht den gesehen, der mich sieht?« (Gen/1. Mose 16,13f), so
stellte Hagar verwundert fest. Kraft und Stärke
gewinnen im Glauben an Gott – das beginnt mit
der bitteren Erfahrung und dem klagenden Eingeständnis, »daß mein Weg dem Herrn verborgen
ist«. Die Klagenden werden vom Propheten auf

den »Gottesfreund« Abraham verwiesen. In der neuen katholischen Bibelübersetzung aus Frankreich kommt der Trost besser noch als im Deutschen zum Ausdruck, wenn es dort zärtlich heißt »Abraham, mon amour«.

»Abraham, mein Freund«, »Abraham, mon amour« – dieses Gotteswort gleicht einem Gemälde aus der Zeit um 1900, das ich kürzlich in einer Wiener Ausstellung sah: Ein breiter mit Blumen bemalter Rahmen umgibt einen Spiegel, in dem die Betrachterin/der Betrachter das eigene Gesicht sieht. Das Thema und der Mittelpunkt des Gemäldes bin ich selber. Die Künstlerin malt den Rand – damit ich mich neu erlebe. Die impressionistische Malerin Tina Blau gibt den Schauenden die Möglichkeit, sich selbst als Kunstwerk zu entdecken. Das eigene Gesicht, in das alle Erfahrungen des Lebens eingezeichnet sind, erhält durch die Künstlerin einen »großen« Rahmen, wird aus der Gewöhnlichkeit des Alltags herausgehoben und zu einem künstlerischen Erlebnis. So ist es, wenn ich diese Bibeltexte zu Abraham lese. Sie können zum Rahmen werden für mein Gesicht!

»Du, Israel, mein Knecht,
Jakob, den ich erwählte,
Nachkomme Abrahams, meines Freundes:
Ich habe dich von den Enden der Erde geholt,
von ihren Rändern habe ich dich gerufen.
Ich habe zu dir gesagt: ‚Mein Knecht bist du!‘
Ich habe dich erwählt und dich
nicht verschmäht.«

Das ist Gottes Macht: »Mein bist du!« zu sagen und auch die vom äußersten Rand zurückzuholen. Und wenn sie ihre Geschichte erzählen wollen, können sie – vielleicht – von Abraham lernen, daß auch ein langer und dunkler Weg auf ihren Berg Morija ein Weg ist, der in dem von Gott gesteckten und von der Bibel gemalten Rahmen lag.

»Die aber, die JHWH vertrauen,
schöpfen Kraft.«

Es ist die Liebe Gottes, die stark macht. Dieser Rahmen, den Gott vorgibt, kann die Gottesbeziehung in ihrer unauslotbaren Tiefe umschließen.

»Behüte mich Gott,
wie deinen Augapfel.« – – –

»Ja, ich halte dich,
mit meiner zuverlässigen Rechten.«

3. »Euer Vater im Himmel weiß, was ihr braucht«– Prinzip und Fundament der Gottesbeziehung

Nach meiner Erfahrung aus vielen Jahren der Bibelarbeit sind es vor allem zwei Einstellungen, die die Wahrnehmung der großen biblischen Gottesgeschichten behindern:

Das erste und größte Hindernis ist die Ent-Dramatisierung unserer Gottesbeziehung. Alles biblische Reden von Gott geschieht im Horizont einer lebendigen Beziehung. Die biblischen Gottesgeschichten werden fade und unverständlich, wenn sie als objektive Auskünfte über Gott verstanden werden. Sie beschreiben die Beziehung der Menschen zu Gott nicht von außen aus der Perspektive eines neutralen Beobachters, sondern von innen, das heißt aus der Teilnehmerperspektive. Und deshalb können sie uns besonders nahe rücken und unsere Gottesbeziehung gestalten. Das ist der Grund, warum in der Bibel soviel erzählt oder gebetet wird. Die Möglichkeiten dieser Sprechweisen reichen offensichtlich – wenn es um Gott geht – weiter, und sie berühren uns tiefer als Begriffe und Argumente. Die Bilder der biblischen Erzählungen und die Worte der biblischen Gebete können wir uns zu eigen machen, sie geben dann der eigenen Gottesbeziehung Farbe und Ausdruck. Biblische Geschichten wie die Erzählungen über Abraham wollen gleichsam alle Momente einer lebendigen Gottesbeziehung einfangen. Sie sind so hart und so anstößig, sie müssen so sein, weil das Leben selbst die Erfahrungen bereithält. Alles, wirklich alles, soll seinen Platz in dieser Gottesbeziehung finden können. Nur dann kann es auch von der lebenschaffenden Macht Gottes verwandelt werden. Nur so besteht die Hoffnung, daß die Welt so wird, wie Gott sie gewollt hat: »sehr gut« (Gen/1. Mose 1,31).

Das andere große Problem im Umgang mit den biblischen Überlieferungen ist das tiefsitzende Konkurrenzmodell: Nach modernem Verständnis stehen Gott und Mensch in Konkurrenz zueinander. Entweder ist der Mensch groß oder Gott. Entweder hat Gott die Macht oder der Mensch. Also muß ich den Menschen kleinreden, um Gott groß zu machen. Oder Gott muß entmachtet, am besten sogar abgeschafft werden, damit der Mensch sich entfalten kann.

Die Bibel weiß dagegen von der Schöpfungsgeschichte auf den ersten Seiten an von der grundlos zuvorkommenden Art Gottes. »Euer Vater im Himmel weiß, was ihr braucht ...« (Mt 6,32) Diese Aussage Jesu in der Bergpredigt gilt nicht nur für das Neue Testament, sie formuliert ein gesamtbiblisches Prinzip. Der Satz relativiert den »Kapitalismus im Kopf«: die Logik des Begehrens, die Logik der Selbstbehauptung durch Machtansammlung, die Logik der Ab- und Ausgrenzung und der Konkurrenz. Das kritische Potential der biblischen Konzeption liegt auf der Hand.

In diesem Prinzip der Bibel liegt aber nicht nur eine Umkehrung der gängigen Weltsicht, sondern auch eines verbreiteten Gottesbildes: Auf diesen Gott trifft das Attribut der Stärke oder gar der Allmacht im landläufigen Sinne nicht mehr ohne weiteres zu, so wenig, wie Allmacht im Sinne einer erdrückenden Überlegenheit etwas zu suchen hat, wo es um Liebe geht. Nirgends habe ich dies schöner ausgedrückt gefunden als in einem kleinen Gedicht von Bertolt Brecht:

Schwächen

Du hattest keine.
Ich hatte eine:
Ich liebte.

Margareta Gruber

II. Die Entdeckung Gottes im Neuen Testament Oder: Von Jesus lernen, wer Gott ist und wer der Mensch ist

Die Geschichten des Alten Testaments, so wurde im ersten Teil des Buches gezeigt, erzählen die »Entdeckungen Gottes« durch das Volk Israel; das neue Testament, so kann man jetzt hinzufügen, erzählt die Geschichten Jesu mit seinem Gott. Wer im Neuen Testament Gott endecken will, muß den Spuren Jesu nachgehen.

Von ihm kann man ständig neu lernen, wer Gott ist: In der Weise, wie er ihm begegnet, reagiert, redet oder schweigt, handelt und auch erleidet, »übersetzt« er das Wesen Gottes in menschliche Haltungen und Verhaltensweisen – in das Leben eines Menschen, der ein großer Liebender war. Jesus ist die Selbstauslegung des »Ich-Bin-Da« (Ex 3,14) in Person.

Indem ich aber auf die Person Jesu schaue, hoffe ich, auch etwas über den Menschen, über mich selbst, zu erfahren. Denn das zweite Vatikanische Konzil sagt: Jesus ist der neue, vollkommene Mensch, weil er in seiner Menschwerdung das Menschsein eines jedes Menschen angenommen hat: »Mit

Menschenhänden hat er gearbeitet, mit menschlichem Geist gedacht, mit einem menschlichen Willen hat er gehandelt, mit einem menschlichen Herzen geliebt« (Gaudium et spes 22). Das bedeutet, daß sich alle unsere menschlichen Erfahrungen in seinen Erfahrungen wiederfinden müssen. Und zwar so, daß nicht wir das Maß seines Menschseins sind, sondern umgekehrt, daß er das Maß unseres Menschseins ist. »Wer Christus, dem vollkommenen Menschen folgt, wird auch selbst mehr Mensch.« (Gaudium et spes 41) Was aber heißt hier: vollkommen? Perfekt und souverän, unerschütterlich und unberührbar von menschlicher Schwachheit und Unsicherheit, ohne Zweifel und Krisen – der coole Jesus? Dann wäre sein Maß ein unmenschliches Übermaß. Was jedoch als Übermaß erscheint, wäre in Wirklichkeit für uns zu klein, weil es die Erfahrungen, in denen wir unser Leben bestehen müssen, gerade nicht enthält. Seine Ohnmacht wäre nicht die unsere, und die Kraft seiner Vollmacht bliebe uns verschlossen.

Ohnmacht und Vollmacht: Diesen beiden Erfahrungen im Leben Jesu wollen die folgenden Überlegungen nachspüren. Es geht in einem ersten Schritt um die Ohnmacht des Menschgewordenen, die er mit dem Menschsein angenommen und bejaht hat; und es geht in einem zweiten Schritt um seine Vollmacht, die ihm aus eben dieser Annahme der Ohnmacht erwächst. Das erste möchte ich an der Erzählung von den Versuchungen Jesu darstellen, das zweite an Jesu Art und Weise, als Seelsorger Menschen zu begegnen und darin die Prioritäten Gottes zu leben.

1. Die Ohnmacht des Menschensohns: Die Versuchungen Jesu

Eine der abgründigsten Erzählungen des Alten Testaments, so haben wir gesehen, ist die Erprobung Abrahams durch Gott (Gen 22). Wie keine andere bringt sie die Grenzerfahrung des Menschen mit seinem Glauben, mit Gott, zum Ausdruck. Diese Geschichte hat im Neuen Testament in gewisser Weise eine Parallele, denn am Anfang des öffentlichen Lebens Jesu wird erzählt, wie auch der Sohn Gottes vom göttlichen Geist in die Wüste geführt wird, »um vom Teufel versucht zu werden« (Mt 4,1):

»Dann wurde Jesus vom Geist in die Wüste geführt, um vom Teufel versucht zu werden. Und als er 40 Tage und 40 Nächte gefastet hatte, war er hungrig. Da trat der Versucher an ihn heran und sagte zu ihm:

Wenn du Gottes Sohn bist, so sag, daß diese Steine Brot werden. Er aber antwortete: In der Schrift heißt es: Nicht von Brot allein lebt der Mensch, sondern von jedem Wort, das aus dem Mund Gottes kommt.

Darauf nimmt ihn der Teufel mit in die heilige Stadt und stellte ihn auf die Zinne des Tempels und sagt zu ihm: Wenn du der Sohn Gottes bist,

stürz dich hinab, denn es heißt in der Schrift: Sei-
nen Engeln wird er Befehl geben deinetwegen;
und: auf Händen werden sie dich tragen, damit
du mit deinem Fuß nicht an einen Stein stößt. Es
sagte Jesus zu ihm: Es heißt auch in der Schrift:
Versuche nicht den Herrn, deinen Gott.

Wiederum nimmt ihn der Teufel mit, auf einen
sehr hohen Berg und zeigt ihm alle Reiche der
Welt und ihre Pracht; und er sagte zu ihm: Das
alles will ich dir geben, wenn du dich niederwirfst
und dich anbetend vor mir verneigst. Darauf sagt
Jesus zu ihm: Geh weg, Satan. Denn es heißt in der
Schrift: vor dem Herrn deinem Gott sollst du dich
anbetend verneigen und ihm allein dienen. Darauf
läßt ihn der Teufel, und siehe, Engel traten heran
und bedienten ihn.« (Mt 4,1–11)

Um sich in die Dramatik dieser drei kurzen Szenen
hineinzuversetzen, ist es wichtig, sie sich möglichst
lebendig vorzustellen. Freilich nicht in dem Sinn,
daß wir uns fragen, wie sich das Ganze historisch
zugetragen hat. Können Sie sich vorstellen, daß der
Teufel Jesus Huckepack nimmt und mit ihm über
Jerusalem auf den Tempel fliegt? Oder daß sich die
beiden durch die Wüste auf den Berg beamen? Die
mythologischen Motive lassen sich nicht histori-
sierend auflösen. Wie sieht der Teufel überhaupt
aus? Hat er Hörner und Pferdefuß? Kommt er als
aramäisch sprechende androgyne Gestalt daher?
Oder als smarter Agent mit dunklem Anzug und
Sonnenbrille? Oder nähert er sich Jesus wie ein
alter Freund?

All das ist möglich. Um der Wahrheit des Erzählten nahe zu kommen, brauchen wir zwar die sinnliche Vorstellungskraft, aber wir brauchen sie nur, um dadurch unsere inneren, geistlichen Sinne zu wecken. Es geht um eine zentrale menschliche und geistliche Erfahrung im Leben Jesu, die hier in einer Parabel verdichtet erzählt wird. Die Schrift nennt diese Erfahrung: Versuchung. Sie setzt im Zentrum an, bei Jesu Beziehung zu Gott: »Wenn du Gottes Sohn bist« sagt der Versucher zweimal zu ihm. Das, was Jesus von innen her lebendig macht, was ihm Kraft gibt, seine Ausstrahlung bewirkt, ist seine einzigartige Beziehung zu Gott, den er seinen Vater nennt. Und dieser Kern seiner Identität, wenn man so sagen darf, wird vom Evangelium als von Anfang an versucht, bedroht gezeigt.

»Ihr seid die, die mit mir ausgehalten haben in meinen Versuchungen.« Dieses Wort Jesu an die Jünger (Lk 22,28) zeigt, daß das einmalige Geschehen in der Wüste etwas sichtbar macht, was für Jesu ganzes Leben und Wirken bis zu seinem Tod gilt. »Wenn du Gottes Sohn bist, hilf dir selbst und steig herab vom Kreuz« (Mt 27,40) höhnen die Spötter am Ende wie ein Echo des Teufels. »Er hat Gott vertraut, der soll ihn jetzt rausholen, wenn er Lust dazu hat, denn er hat ja behauptet: ich bin Gottes Sohn.« (Mt 27,43) Da ist er wieder, der Versucher. Aber er kommt zu spät. In der Wüste, am Anfang des Weges Jesu, will er erreichen, daß Jesus seine einzigartige Stellung bei Gott dazu ausnützt, um genau dieses Ende zu vermeiden.

Unter dem Kreuz muß der Versucher einsehen, daß er verloren hat.

Wir wollen diesen Horizont unseres Themas im Gedächtnis behalten und zurückkehren zum Anfang, zu Jesu ersten Versuchungen. Sie sind unbedingt ernst zu nehmen. Wir versperren uns den Zugang zu diesem Text, wenn wir Jesus wie einen coolen Helden betrachten, der souverän und von oben herab den Versucher auflaufen läßt. Es geht auch nicht um einen Schlagabtausch mit Schriftworten, in denen Jesus wie ein Actionheld die stärkeren Sprüche hat. Jesus ist alles andere als ein Held! Das wäre Rückfall ins Heidentum. Jahrhundertelang scheuten sich die Christen davor, die Versuchung und das Ringen Jesu darum, ihr nicht zu erliegen, wirklich ernst zu nehmen. Es kam ihnen wie ein Verrat an der Göttlichkeit Jesu vor. Daß Jesus diese Ohnmacht der menschlichen Versuchbarkeit am eigenen Leib erfahren hat, ist sehr schwer zu begreifen.

Worum geht es also in der Begegnung mit dem Versucher? Ich möchte es so formulieren: Jesus ringt darum, die Welt und die Bedingungen unserer menschlichen Existenz in dieser Welt anzunehmen, wie sie sind. Und er ringt darum, sie in seine Gottesbeziehung einzubeziehen. Damit nimmt er menschliche Welterfahrung, unsere Welterfahrung, in seine Gotteserfahrung hinein. Ein Schlüssel dafür ist die Annahme von Ohnmacht: sich selbst gegenüber, Gott gegenüber und letztlich allem gegenüber.

Erste Szene: In der Wüste

Der Versucher setzt beim Hunger an. Jesus soll sich der menschlichen Begrenztheit entziehen, indem er seinen Hunger mit einem Wunder stillt. Hinter dieser so kurzen und scheinbar ohne größere Schwierigkeit zu bestehenden Versuchung steht die harte Konfrontation Jesu mit unlösbaren Fragen der menschlichen Geschichte. Der Teufel, so muß man es sich einmal vorstellen, zeigt Jesus die hungernden Kinder dieser Welt. »Mach doch Brot aus diesen Steinen hier und erweise dich als Heiland!« Im Hunger sind die Armut, die Krankheit und die Ungerechtigkeit, sind die Fragen von Arbeit und Ernährung und Wirtschaft enthalten, die Kriege um Brot und Rohstoffe. Die Aufforderung, aus Steinen Brot zu machen, schließt eine bittere anklagende Frage an Gott ein: Warum hast du die Welt so eingerichtet, daß so viele das Brot nicht haben?

Und was hat Jesus zu entgegnen? Ist es nicht vermessen, mit leeren Händen in die Welt hineinzugehen und nicht aus Steinen Brot zu machen, wenn man es denn kann? Ist es nicht vermessen zu glauben, die Botschaft vom Reich Gottes reiche aus, um die Welt von der Wurzel her zu verändern und gar zu heilen? Hat nicht derjenige recht, der Gott die Zügel aus der Hand nimmt, weil man mit dem Evangelium die Welt nicht regieren kann? Wenn er jedoch recht hat, dann hat der Teufel recht, und Jesus hat verloren. Das ist die Versuchung Jesu, wie sie sich dem Geist des modernen, kritischen, politisch denkenden Menschen darstellt. Wovon lebt der Mensch? Erst wenn ich als Leserin oder Leser der Schrift selbst zu zittern beginne, ob nicht der Teufel doch recht hat, erfasse ich die Abgründigkeit dieses biblischen Textes!

Die erste Versuchung enthält eine massive Erfahrung von Ohnmacht: gegenüber den Grenzen der geschichtlichen, menschlichen Existenz angesichts dessen, was die Welt nötig hätte und was Jesus ihr nicht geben kann, ohne seine Entscheidung für die Menschwerdung zu verraten. Wenn man sich vorstellt, Jesus hätte sein Fasten durch ein schnelles Wunder beendet und wäre dann den Kranken und Aussätzigen auf den Straßen Galiläas begegnet. Was hätte er zu sagen gehabt, ohne schamrot zu werden?

»Der Mensch lebt nicht von Brot allein«: Das darf nur einer sagen und dabei Gott bleiben, wenn er sich selbst von dieser Situation des Hungers nicht ausnimmt. Insofern gibt Jesus am Kreuz die existentielle Antwort auf diese Versuchung in der Wüste. Er ist selber Opfer von politischen und wirtschaftlichen Interessen. »Gib dem Volk, was es will, sein Brot sozusagen, und stell es zufrieden – gib ihm sein Opfer!« – Barabbas oder Jesus. Leute wie Pilatus und die Tempelaristokratie haben mit solchem Kalkül nicht verhindert, daß der Krieg das Land vernichtete; sie haben Hunger und Armut nicht besiegt. Und Jesus hat darauf verzichtet, vom Kreuz herabzusteigen, um ihnen die Herrschaft zu entreißen.

»... sondern von jedem Wort, das aus dem Mund Gottes kommt.« Das sagt einer, der Worte hat, die

wie Brot nähren. In der Wüste lehnt Jesus das Brot-
wunder ab; wenig später gibt er Brot im Überfluß
– anderen. Aber dieses Brot stillt den Hunger nicht
für immer und löst nicht die Frage, die der Versucher aufwirft. Der Weg, den Jesus zeigt, ist ein
anderer: Das Brot, das er für die Menschen bricht,
ist ein Zeichen dafür, daß er sich selber als Brot in
die Hand der Menschen gibt. Dieses Brot ist jedoch
eines, das den Menschen erst wirklich hungrig
macht: hungrig nach Gerechtigkeit (vgl. Mt 5,6).
Und vor solchen Menschen, um es einmal mytho-
logisch auszudrücken, hat der Teufel Angst. Denn
Menschen, die wissen, daß sie nicht die Macht haben, aus Steinen Brot zu machen, und die deshalb
nach Gerechtigkeit suchen und zu teilen beginnen,
haben die Versuchung überwunden. Die christliche
Soziallehre und alles christliche Engagement für
das »Brot für die Welt« stammen deshalb aus der
Kraft der bestandenen Versuchung.

Zweite Szene:
Auf dem höchsten Punkt des Jerusalemer Tempels

Es gibt ein Bühnenstück von Woody Allen: »Gott
– eine Tragödie«. Das endet damit, daß Gott als
»deus ex machina«, als göttlicher Retter, aus den
Wolken kommt, um eine verfahrene Situation mit
einem grandiosen Auftritt zu retten – doch die
Flugmaschine Gottes versagt, und er stürzt ab.
Das ist das Ende von Gott. Vielleicht macht uns
diese skurrile Vorstellung stutzig; denn wie gern
hätten wir oft diesen göttlichen Retter und die

Sicherheit des Wunders. Dann wären die Zweifel weg, der Glaube wäre zweifelsfrei wahr, und wir könnten endlich allen beweisen, daß wir Christen nicht die Dummen sind.

»Versuche nicht den Herrn, deinen Gott«, sagt Jesus. Warum versucht man Gott, wenn man um ein Wunder betet?

Stellen Sie sich einmal vor, Jesus wäre tatsächlich gesprungen. Er hätte ausprobiert, was der Versucher ihm vorschlug: Ob er als menschgewordener Sohn Gottes so viel Macht über Gott besaß, daß er über ihn verfügen konnte. Ob die Engel nun gekommen wären oder er im Kidrontal zerschellt wäre – es wäre das Ende von Gott gewesen! Die Vorstellung ist unerträglich. Das fast blasphemische Gegenbild zum Text macht jedoch deutlich, worum es in der zweiten Versuchung geht: um die radikale Unverfügbarkeit Gottes, um Gottes Gottsein; eine Erfahrung, die auch der Sohn Gottes auf menschliche Weise gemacht hat.

Wie kann der Mensch über Gott verfügen? Im Gebet etwa, das Gott subtil unter Druck setzt, in unehrlichen Erwartungen. Gott als Befriediger religiöser Bedürfnisse, Garant meiner spirituellen Wellness. Gott, den ich für meine Ziele zu manipulieren versuche, und sei es für meine heiligsten Ziele. Das dürften wir mehr oder weniger intensiv aus eigener Erfahrung kennen.

Die Versuchung Jesu ist noch radikaler. Denn Unverfügbarkeit Gottes bedeutet, daß der, auf den ich mein ganzes Leben gebaut habe, sich als ganz anderer erweisen kann. Viele Menschen, und gerade solche, die Gott sicher ganz nahe waren, berichten davon, daß Gott ihnen fern wird, unerreichbar wie hinter einer dunklen Wand und auf schreckliche Weise fremd, so daß es fast unmöglich wird, an seiner Gegenwart festzuhalten oder auf irgendeine Weise Hilfe von ihm zu erwarten. Gott kann seine Freunde bitter enttäuschen. Denken Sie an Abraham. Wer in so einem dunklen Tunnel steckt, der leidet unsäglich, und zwar an Gott. Und er würde diesen unverfügbar fernen Gott gerne eintauschen gegen einen Gott, der seinem Erwählten nichts zustoßen läßt und dessen Engel ihn auf Händen tragen. Das ist aber genau der Gott, den der Versucher anbietet.

Diese Versuchung war auch Jesus nicht fremd: Gott dazu zu benützen, um sich Leiden zu ersparen, indem man auf eine schnelle Lösung, eine schmerzlose Heilung, eine billige Verwandlung setzt. Sich und die Menschen glauben zu machen, man könne sich aus der Verantwortung für sein Leben stehlen und Gott alles zuschieben. »Siehst du nicht die spirituelle Sehnsucht der Menschen? Wirk ein paar Wunder, sei ihr mystischer Guru, und sie sind glücklich.« Jesus lehnt hier das Wunder ab. Wenig später wird er beginnen, viele Wunder zu tun. Aber in all diesen Begegnungen wird deutlich: Heilung ist mit Lebensumkehr verbunden, Gottesliebe mit Nächstenliebe, Gotteserfahrung mit Nachfolge und Nachfolge mit Kreuz.

»Versuche nicht den Herrn, deinen Gott«, sagt Jesus. Der Versucher scheitert an der Gottverbundenheit Jesu. Jesus weicht seinem Gott nicht aus, und er will nicht über ihn verfügen, auch nicht als sein einziger Sohn.

Er läßt seinen Vater über sich verfügen. Im Grunde springt Jesus über die Zinne des Tempels, und das täglich – aber ganz anders, als der Versucher es möchte. Sein Springen geschieht in der Normalität eines menschlichen Lebens, und das ist für das wundersüchtige Herz ärgerlich. Jesus springt in den Willen Gottes hinein, den er so wenig wie jeder Mensch von vornherein kennt, sondern in jedem Augenblick neu vom Vater erwarten, empfangen und umsetzen muß.

Jesu Lebensgestaltung ist von einer großen Offenheit gekennzeichnet. Die souveräne Freiheit, die er hat, etwas zu tun oder zu lassen, zu handeln oder zu erleiden, ist die Folge eines ständigen inneren Lebensdialogs mit dem Vater. Darin liegt seine Kraft. Sie scheint oft so leicht und selbstverständlich zu sein, unberührbar von dem, was unsere Lebensgeschichte ausmacht. Daß dem nicht so ist, zeigt – Gott sei Dank – das kurze Blitzlicht der zweiten Versuchung. Der Hebräerbrief spricht dann von lautem Schreien und von Tränen, die Jesu Versuchungen begleitet haben, in denen er den Gehorsam gelernt hat (Hebr 5,7f). Im Garten Getsemani wehrt Jesus den gewaltsamen Rettungsversuch des Petrus ab: »Glaubst du nicht, daß mein Vater mir sofort mehr als zwölf Regimenter Engel schicken würde, wenn ich ihn darum bitte?« (Mt 26,53). Er bittet aber nicht und hört sich am Kreuz an, wie ihn die Spötter deswegen verhöhnen.

Jesu Sterben zeigt, daß er auch dann nicht springt, als der innere Lebensdialog mit dem Vater, der sein ganzes Leben ausgemacht hat, ihm wie abgeschnitten erscheint. In seiner höchsten Todesnot schreit er nach seinem Gott und erhält keine Antwort (Mk 15,34; Mt 27,26). Der Himmel bleibt verfinstert. Jesu Schrei der Verlassenheit ist der radikale Ausdruck dafür, daß Jesus die menschliche Erfahrung der Unverfügbarkeit Gottes, der Gottferne, durchhält bis zum Schluß.

Die Ohnmacht der zweiten Versuchung besteht also in der Ohnmacht dem unverfügbaren Gott gegenüber. Diese kennen die Christen durchaus. Daß auch Jesus sie erfuhr, mag ein neues Licht auf sie werfen. Wir sind Gott gerade dann nahe, wenn es so aussieht, als seien wir ihm fern. Es zerreißt uns manchmal, daß Gott nicht stärker und eindeutiger wirkt und uns sitzen läßt. Das wird sich nicht ändern. Wichtig ist, daß Jesus in seiner Versuchung nicht das große unerreichbare Vorbild ist, sondern daß er, der unsere Erfahrung teilt, uns in seine Gottverbundenheit hineinnimmt. Und so werden wir auch die Kraft haben zu springen – in das radikale Vertrauen Jesu hinein –, wenn es unser Leben von uns verlangt.

Dritte Szene: Auf dem hohen Berg

Denkt der Teufel im Ernst, Jesus würde niederfallen und ihn anbeten? Und das wegen den paar Schätzen der Welt, die ihm ja ohnedies gehören?

Ein irdischer Herrscher zu werden, und wäre es der größte von allen, wäre für ihn doch immer noch ein Abstieg! Sie sehen – so geht das nicht.

Wie wäre es damit: Sein bester Freund nimmt Jesus auf die Seite und sagt: »Hör mal, Jesus. Du bist für Gott der wichtigste Mensch. Du bist der Erwählte! Es gibt doch viele Möglichkeiten für einen wie dich. Zeig, was in dir drinsteckt. Zeig's denen, die dich kleinmachen wollen. Und diese idealistischen Geschichten mit der Gewaltlosigkeit laß mal lieber. Dadurch hilfst du uns nicht wirklich, sondern riskierst den Erfolg deiner Sache.« Erkennen Sie die Szene? Die dritte Versuchung wiederholt sich im Mund des Freundes Petrus (vgl. Mk 8,32–33; Mt 16,23)! Das zeigt, daß sie nicht mit einem Mal abgetan ist.

Und wenn wir den Teufel nicht verstehen können, Petrus verstehen wir sehr gut: Geht es nicht auch ohne das Kreuz? Könnte die Menschwerdung Gottes nicht ein Happy-End nehmen? Wie sollen wir das, was du hier vorhast, später den Leuten klarmachen? Erlösung durch Leiden? Petrus merkt nicht, wie er aus seinem Christus einen Antichrist macht, ein Idol. Wie er einen Teufel anbeten will. Ein Jesus, der die Ohnmacht seines Glaubensweges, die das Ja zum Leiden einschließt, verraten würde, könnte die menschliche Ohnmacht, die Schwachheit und Leiden und Sünde ist, nicht heilen. Er wäre ein Held, aber kein Heiland. Die Schrift zeigt zweimal, wie Jesus von dieser teuflischen Versuchung berührt wird. Seine Reaktion demonstriert jedoch nicht einen unverwundbaren

Sieger, sondern offenbart die Verwundbarkeit des wahren Menschen.

Als Mensch weist er den Versucher zurück: Geh weg, Satan. Denn es heißt in der Schrift: vor dem Herrn deinen Gott sollst du dich anbetend verneigen und ihm allein dienen. Jesus setzt sich nicht an die Stelle Gottes: Die Kraft seiner Gottverbundenheit als Sohn lebt er konsequent unter den Bedingungen der menschlichen Existenz, in der Ohnmacht seines Glaubensweges.

Am Ende des Matthäusevangeliums steht Jesus wieder auf einem hohen Berg. Gott hat geantwortet. Er hat den Gekreuzigten aus dem Tod erweckt. Jetzt werfen sich seine Jünger anbetend vor ihm nieder, auch der menschliche Versucher Petrus, und Jesus sagt: »Mir ist alle Macht gegeben im Himmel und auf der Erde.« (Mt 28,18) Er hat seine Hand nicht selbst danach ausgestreckt, sondern sich den Machthabern der Erde in die Hand gegeben. Ihm, der durch das Feuer der Passion hindurchgegangen ist, ist jetzt alles gegeben, und zwar von Gott, dem er sich in seinem Leben und in seinem Sterben übergeben hat.

Auch die dritte Versuchung hat also mit Ohnmacht zu tun. Ohnmacht allem gegenüber, das man nicht haben kann, ohne durch das Feuer der Passion hindurchgegangen zu sein. Gott will keine Macht über die Welt wie die Herrscher dieser Welt, deren Macht ohne Gewalt nicht auskommt und die Freiheit des Menschen zerstört. Wir würden jedoch dem Allmächtigen die Uneigennützigkeit seiner Beziehung zur Welt, seine Liebe, vermutlich nicht glauben können ohne den Beweis, daß er in völliger Ohnmacht auf alle Macht verzichtet. Das zeigt Jesus auf dem Berg der Versuchung und lebt es konsequent bis zum Schluß.

Auch der Auferstandene verfügt nicht über all das, was ihm der Versucher versprochen hat. Der Verzicht darauf ist endgültig. Aber gerade ihm ist jetzt »alle Macht gegeben«; sie wird deutlich, wenn er versprechen kann, bis zum Ende der Welt bei den Seinen zu sein (Mt 28,20) und sie mit seiner Kraft zu erfüllen.

Was heißt das für uns? Wieder in menschlichen Erfahrungen: Was ich liebe, darf mir nie gehören; am wenigsten der geliebte Mensch. Die Unverfügbarkeit Gottes, die in der zweiten Versuchung anzunehmen war, gilt auch für alles Geschaffene. Ich darf es nicht ergreifen wollen, als verfügte ich darüber. Deshalb sagt Paulus, man solle haben, als habe man nicht (vgl. 1 Kor 7,29–31). Damit predigt er nicht den radikalen Besitzverzicht der Asketen, sondern ein Nicht-Haben-Wollen, das aus der Ehrfurcht vor dem anderen, Mensch, Tier oder Ding, resultiert. Das ist eine tief innere Annahme der Welt, das Gegenteil von Weltverachtung; ein Ausdruck nicht von Schwachheit, sondern von Kraft.

Paradoxerweise führt gerade solche Armut dazu, alles besitzen zu können: Ein Mensch, der die menschliche Armut, Ohnmacht und Gebrechlichkeit des Lebens bejaht, der das Feuer der Passion, der Liebe zu Gott und den Menschen, selber in sich spürt, wird so frei, daß er alle Dinge in Gott und Gott in allen Dingen besitzen kann. »Mein Gott und alle Dinge« ist ein Stoßgebet des heiligen Franziskus; »Gott in allem finden« das Motto des heiligen Ignatius. »Suche Gott überall, und du wirst ihn überall finden«, sagt Vinzenz Pallotti. Was für die materiellen Güter gilt, gilt auch für die geistigen: für Wissen, Kultur und Know-how, für politische, wirtschaftliche, technologische und humanitäre Errungenschaften. All das ist nicht dazu gegeben, um sich der menschlichen Begrenztheit zu entledigen und die existentielle Ohnmacht zu verleugnen oder sie – in der Regel im nach außen projizierten Feind – zu bekämpfen. Der Christ wird sagen: Es ist uns gegeben, um Gott in den Menschen zu dienen.

2. *Die Vollmacht des Menschensohns:*
   Jesus als Seelsorger

Das Urbild, das sich schon in Katakomben und auf urchristlichen Sarkophagen findet, ist Jesus, der gute Hirte. Vielleicht kennen Sie die Marmorstatue, die im Vatikan steht: Ein junger, bartloser Mann im kurzen Hirtenrock, den Proviantbeutel umgehängt, im lockeren Kontrapunkt stehend, trägt ein Schaf auf den Schultern. Das ist ein Bild voll Leichtigkeit, Kraft, Geborgenheit und Trost. »Niemand wird sie meiner Hand entreißen.« (Joh 10,29)

Jesus als Seelsorger: Im Markusevangelium hört man folgende Sätze aus seinem Mund: »Wer seine Seele retten will, wird sie verlieren. Wer aber seine Seele um meinetwillen und um des Evangeliums willen verliert, wird sie retten.« (Mk 8,35) Und weiter: »Was nützt es dem Menschen, wenn er die ganze Welt gewinnt und Schaden nimmt an seiner Seele?« (Mk 8,37) Ich wähle bewußt die alte Übersetzung, denn das griechische Wort, das hier steht, ist Psyche – Seele. Gemeint ist aber, wie es der biblischen Denkweise entspricht, das ganze Leben des Menschen »mit Leib und Seele«, das hier zu gewinnen oder zu verlieren ist.

Hier wird eine andere Dimension von Jesu Sorge für die Seelen der Menschen sichtbar: Er konfrontiert sie mit der absoluten Grenze ihres Lebens und stellt gleichzeitig an dieser Grenze eine Verheißung auf: das Leben nicht zu verlieren, sondern es zu gewinnen.

Wer darf so etwas sagen? Ist das die Rede eines Hirten, der sich um die Seele anvertrauter Menschen sorgt, oder nicht eher die Durchhalteparole eines Feldherrn?

Diese Assoziation ist übrigens nicht so weit hergeholt: Bei griechischen und römischen Schriftstellern der Antike findet sich eine auf den ersten Blick ganz ähnliche Rede, und zwar stereotyp im Mund von Feldherrn, die ihre Soldaten vor der Schlacht zum Kampf einschwören: Wer bereit ist, sein Leben im Kampf einzusetzen, kommt mit dem Leben davon, während der, der die Flucht ergreift, um sein Leben zu retten, vom Feind niedergestreckt wird. Abgesehen davon, daß die Realität der Schlacht meistens das Gegenteil beweist: Dem Feldherrn geht es um den Sieg und nicht um die Soldaten.

Jesus als Seelsorger? Frühere Generationen vermochten zu singen »Mir nach, spricht Christus unser Held ...«; uns machen solche Vorstellungen eher mißtrauisch. Wir fragen nach der Glaubwürdigkeit dessen, der dazu auffordert, seine Seele – sein Leben – zu verlieren; und wir fragen nach der Autorität, mit der er behauptet, es sei gerade dadurch zu gewinnen.

Deshalb frage ich nach: In welchen Erfahrungen gründet die Autorität Jesu als Seelsorger, aus welchen Lebensvollzügen speist sich seine Glaubwürdigkeit?

Ich rede hier ganz »menschlich« über Jesus, weil ich mit der Lehre der Kirche davon ausgehe, daß er, unbeschadet seiner einzigartigen Beziehung als Sohn zu Gott, seinem Vater, als Mensch menschliche Erfahrungen machte, an denen er lernte, wuchs, litt, reifte und in denen er sein Menschsein lebte. Was also bedeutet Menschwerdung Gottes in Jesus von Nazaret?

Ausgangspunkt Menschwerdung:
Vollmacht aus der angenommenen Ohnmacht

Das erste, was im Matthäusevangelium vom erwachsenen Mann Jesus von Nazaret erzählt wird, ist seine Taufe durch Johannes am Jordan:

Zu dieser Zeit kam Jesus von Galiläa zum Jordan zu Johannes, um sich von ihm taufen zu lassen. Johannes aber wollte sich weigern und sagte zu ihm: »Ich hätte es nötig, von dir getauft zu werden, und du kommst zu mir?« Jesus antwortete ihm: »Laß es zu! Denn wir müssen Gottes Gerechtigkeit erfüllen.« Da ließ ihn Johannes gewähren.
Als Jesus getauft war, stieg er gleich aus dem Wasser, und siehe, da öffnete sich der Himmel, und er sah den Geist Gottes wie eine Taube herabsinken und zu ihm kommen; und siehe, eine Stimme aus dem Himmel sprach: Dieser ist mein Sohn, den ich liebe. In ihm habe ich meine Freude gelegt.« (Mt 3,13–17)

Ein hochdramatisches Geschehen: Der, der gekommen ist, mit Heiligem Geist zu taufen, der selber sozusagen die Taufe ist, läßt sich von Johannes untertauchen. Durch dieses Zeichen der Umkehr, das Jesus trotz des Protestes des Johannes an sich geschehen läßt, stellt er sich ganz bewußt in die Reihe der Sünder. Wir können auch sagen: Er nimmt die menschliche Gottverlorenheit und Todverfallenheit auf sich, um sie bis zum Ende zu durchleben. Und genau dieser Vollzug seiner existentiellen Solidarität mit der Identität der Menschen öffnet den Himmel und bestätigt ihm seine Identität als der geliebte Sohn!

Jesus ist ganz bei den Menschen und ganz beim Vater. Menschliche Gottverlorenheit, die Jesus nun sozusagen von innen her und nicht wie ein Fremdes erspürt, und Gottesnähe des Sohnes, die er in einzigartiger Weise in sich trägt und ist, kennzeichnen ihn und dies in einer Person: Diese beiden Seiten des Lebensgeheimnisses Jesu enthalten eine gewaltige Spannung. In der unmittelbar der Taufe folgenden Versuchungsgeschichte (Mt 4, 1–11) entlädt sie sich wie in einem Gewitter. Denn Menschwerdung – das hat die Auslegung dieser Versuchungsgeschichte gezeigt – bedeutet für Jesus, die Welt und die Bedingungen unserer menschlichen Existenz in dieser Welt anzunehmen und dieses Menschsein, unsere Welterfahrung, in seine Gottesbeziehung hineinzunehmen.

Die Taufe durch Johannes am Jordan enthält zwei zentrale Erfahrungen Jesu: die Ohnmacht der menschlichen Situation vor Gott, die Jesus annimmt, und die Ermächtigung in der Kraft des Geistes, mit der er im selben Geschehen erfüllt wird. Indem Jesus die Ohnmacht des Mensch-seins annimmt, erwächst ihm die Vollmacht für sein Handeln an den Menschen: seine seelsorger-liche Kompetenz. Dieser innere Zusammenhang zwischen Ohnmacht und Vollmacht ist für unse-re Fragestellung wesentlich. Jesu seelsorgerliches Handeln geschieht nicht aus einer Position der Überlegenheit heraus, sondern aus einer Haltung freiwillig und radikal bejahter Solidarität mit de-nen, an denen er handelt, für die er sorgt.

Weil Jesus die Grenzen der menschlichen Exi-stenz bejaht, wird er zum »Bruder« der Menschen, mit denen er »im selben Boot« sitzt, und denen er sich – ganz wörtlich – mit seinem Leben in die Hand gibt. Die Erfahrung der Ohnmacht schafft eine Brücke der Solidarität, die nicht von oben, sondern von unten her gebaut ist. Die erste Prio-rität seines Handelns – als Mensch und Seelsorger – ist deshalb: der Nächste.

Die erste Priorität der Seelsorge Jesu:
Der Nächste

Zu den schönsten Stellen der Evangelien gehören die Begegnungen Jesu mit den Menschen. Sie ent-halten einen Reichtum an Menschlichkeit, der im-mer wieder neu überrascht. Frappierend ist, wie Jesus es schafft, sich jedem Menschen mit ganzer Aufmerksamkeit zuzuwenden. Durch seine Art präsent zu sein, zieht er jeden in diese Präsenz hinein: Er ist auf dem Weg, die sterbenskranke Tochter des Jaïrus zu heilen – mit Blaulicht, könnte

79

man denken. Stattdessen läßt er sich von einer blutflüssigen Frau aufhalten. Er sieht diejenige, die alle übersehen, und er spricht mit ihr, die sich kaum zu sprechen traut, mitten im aufgeregten Gedränge (Mk 5,21-35). Er bleibt stehen und macht die, die bisher Objekt vieler Ärzte gewesen ist, zum Subjekt ihrer eigenen Heilungsgeschichte. Damit gibt er ihr nicht nur ihre Gesundheit, sondern ihre Würde zurück. Jesus als Arzt und Seelsorger.

Ein andermal stellt sich ihm ein reicher junger Mann in den Weg, und Jesus bleibt wieder stehen, um ihn anzuhören. »Er gewann ihn lieb«, heißt es (Mk 10,21). Doch der junge Mann kann sich nicht entschließen, mit Jesus zu gehen, und geht traurig weg, weil er, wie es heißt, viel Vermögen hat. Und Jesus läßt ihn ziehen. Seine Freundschaft läßt frei; er ist kein »Rattenfänger«, der Menschen an sich bindet. Menschen als Subjekte ihrer Lebensgeschichte zu sehen bedeutet, sie auch den anderen Weg als den eigenen gehen zu lassen.

Diejenigen andererseits, die sich entschieden haben, sein Wanderleben mit ihm zu teilen, seine Mitarbeiter und Jünger, sind natürlich die ersten, die Jesu Fähigkeit, sich dem je Nächsten mit ganzer Präsenz zuzuwenden, erfahren. Aber interessanterweise berichtet das Evangelium nichts von ruhigen Stunden im Freundeskreis – obwohl es die durchaus gegeben haben mag. Statt dessen sind es gerade diese Jesus nahestehenden Personen, die am stärksten mit Anfechtungen konfrontiert werden: Von ihrem Zweifel und Unglauben wird erzählt, von ihren Ängsten und Sorgen und kleinlichen

Streitereien um die ersten Plätze. Petrus, der später die erste Verantwortung hat, ist nicht von ungefähr der, der am stärksten in die Schule genommen wird. Diese Geschichten sind natürlich alle aus großem Abstand heraus erzählt und biographische Details aus ihnen kaum zu gewinnen. Doch gerade in ihrer Typisierung machen sie etwas deutlich, was Jesu seelsorgerlichen Umgang mit seinen »Nächsten« betrifft: seine Freundschaft will nicht verschmelzen; Mitarbeiter sind für ihn nicht zur Selbstbestätigung da. Jesus scheut deshalb nicht die Korrektur und die Konfrontation. Im Vordergrund ist nicht die Konformität oder Linientreue der Mitarbeiter, sondern das Wachstum des einzelnen nach seinen Möglichkeiten und Grenzen.

Im Fall seiner Verwandtschaft scheint er es sogar zum Bruch kommen zu lassen (Mk 3,31–35). In seinem Heimatdorf kann er keine Wunder tun, und er geht (Mk 6,5). Er setzt Grenzen und entzieht sich falschen Ansprüchen und Erwartungen mit Entschiedenheit.

Distanz zu denen, die meinen, ihn zu gut zu kennen, heißt aber nicht, daß Jesus einer ist, der keine menschliche Nähe zulassen will und sich statt dessen mit der Aura des überlegenen Lehrers und Heilers umgibt. Es gibt eine ganze Reihe von Begegnungen, in denen Jesus Nähe und Intimität schenkt und auch zuläßt, und das sogar im öffentlichen Raum, so daß es für die Beteiligen peinlich bis skandalös gewirkt haben muß. Am schönsten sind hier die Begegnungen mit den Frauen: die beiden etwa, die ihn nach orientalischer Manier mit duftendem Öl salben und dadurch die erotische Dimension der Begegnung mit Jesus offen zum Ausdruck bringen (Lk 7,36–50; Joh 12,1–11). Jesus wehrt nicht ab. Er schenkt größte Intimität bei gleichzeitigem größten Respekt.

Seine Begegnung mit der Samariterin am Jakobsbrunnen (Joh 4,1–42), der Ausländerin, ist ein weiteres Beispiel, wie souverän und unbeeindruckt von ideologischen Vorgaben aller Art Jesus seine Priorität des Nächsten lebt: Ob Außenseiterin schon durch Herkunft und Geschlecht oder durch eine bestimmte stigmatisierende Vergangenheit – sie hatte fünf Männer – : Jesus geht nicht darüber hinweg, sondern macht diese Situation zum Ansatzpunkt seiner Anrede. Er begegnet der Frau weder als Anwalt einer Moral noch – und das wird wenig beachtet – als ihr Befreier aus patriarchalischen Strukturen. Aus patriarchalisch – androzentrisch – moralischer Perspektive ist die Frau eine zu bekehrende Sünderin, aus feministisch-befreiungstheologischer Sicht ist sie Opfer von Strukturen, die es zu bekämpfen gilt. Für Jesus ist sie weder–noch. Sie ist eine Person, der er mit ganzer Ehrfurcht und ganzer Gegenwärtigkeit begegnet. Das Gespräch mit dieser Frau zeigt eine Klarheit ohne jede Dominanz. Die Art und Weise, wie er mit ihr umgeht, enthält eine Wahrhaftigkeit, Gewaltlosigkeit und Reinheit, die keinen Ansatzpunkt bietet für Patriarchalismus oder Sexismus und keine Notwendigkeit für die Frau, sich davor zu schützen oder sich dagegen zu wehren. Darin ist diese Begegnung unübertroffen.

Ein Pendant auf männlicher Seite im Johannesevangelium ist der Pharisäer Nikodemus (Joh 3,1–21), mit dem Jesus eine Nacht lang geistliche und theologische Gespräche führt. Hier hat die klassische Vorstellung von Seelsorge als geistliches Gespräch ein Vorbild. Es zeigt auch, daß Jesus, der »Freund der Zöllner und Dirnen«, nicht nur mit den Outsidern der Gesellschaft umging, sondern auch mit führenden Leuten verkehrte. Priorität des Nächsten bedeutet auch, die Starken zu führen.

Im Einzelfall – oder vielleicht doch häufiger als in der Bibel erwähnt – mag es dadurch zu brisanten Kollisionen gekommen sein: Stellen Sie sich den Auftritt der Prostituierten im Speisesaal des frommen Pharisäers Simon vor (Lk 7,36–50). Auch dies ist eine meisterhafte Studie, wie Jesus eine menschlich gesehen delikate Situation mit größter Leichtigkeit »behandelt«. Der Nächste ist hier sowohl der Fromme wie die Frau. Beiden wendet er sich auf ganz persönliche Weise zu, spielt weder die Frau gegen den Frommen aus noch macht er den Frommen zum Demonstrationsobjekt für die Frau. Die Botschaft an den Frommen ist dabei: Lieber auf die Heiligkeit verzichten als die Barmherzigkeit verleugnen (M. Kehl).

Nikodemus, Joseph von Arimathäa oder Simon, der Pharisäer stehen für viele, mit denen Jesus gesprochen, diskutiert und gestritten hat. Ihre Motivation war sehr unterschiedlich. Jesus stellt sich der Auseinandersetzung, die an Schärfe zunimmt. Seelsorge ist hier ein Ringen mit jedem »Nächsten«, der sich in den Weg stellt, auch mit dem, der provozieren oder täuschen, ihn vorführen oder ihm schaden will. Seelsorge stößt immer wieder an die Freiheit des anderen und respektiert sie. Die meisten hat er nicht überzeugen können. Hin und wieder kommt einer zum Nachdenken, wie der Gesetzeslehrer, der nach dem ersten Gebot fragt (Mk 12,28–34; Mt 22,34–40). Aber selbst dort, wo ihm eine Falle gestellt werden soll, nimmt Jesus sein Gegenüber ernst (Mt 22,15–22). Allerdings verschweigt das Evangelium nicht, daß die Auseinandersetzungen ihm zusetzen. »Zorn und Trauer« über ihr verstocktes Herz ergreift ihn schon ganz am Anfang (Mk 3,5), ein andermal seufzt er tief auf und läßt die Streitsuchenden stehen (Mk 8,11–13). Und einmal heißt es, daß er weint (Lk 19,41).

Jesus in der Begegnung mit dem Nächsten: Auch der Feind ist sein Nächster. Dazu gehört derjenige, der ihn ins Gesicht schlägt: »Warum schlägst du mich?« Jesus spricht ihn an, fordert für sich Würde ein und gesteht jenem dadurch Würde zu (Joh 18,22–23).

Ein Höhepunkt des Johannesevangeliums ist der Dialog Jesu mit seinem Richter Pilatus. Auch hier gilt: Historisch-biographische Neugier wird nicht gestillt: Wir haben kein Protokoll der Verhandlung. Aber wir haben mehr: die Gestaltung einer Begegnung zwischen Opfer und Richter, die diese Kategorien sprengt: »Was ist Wahrheit?«, »Du sprichst nicht mit mir? Weißt Du nicht, daß ich Macht über dich habe?« Natürlich erwartet man von Jesus weder ein angstmotiviertes Taktieren noch ein provozierendes, letztlich fanatisiertes Schweigen. Es geht um die Wahrheit des wahren Königs, der sich hier in Hoheit offenbart, aber es geht dem Menschen Jesus auch um die Wahrheit für den Menschen Pilatus. Seine Priorität für den Nächsten gibt er auch unter der Dornenkrone nicht auf. Dieses Verhalten Jesu kann nicht kopiert werden; dennoch gibt es eine Anweisung für seine Jünger in ähnlichen Situationen: sich im Ernstfall nichts für die Verteidigung vorzunehmen, sondern auf den Geist zu vertrauen (Mt 13,11). Was das konkret bedeutet, erfährt man vermutlich erst, indem man sich darauf einläßt.

Eine der letzten Begegnungen im Johannesevangelium ist die Begegnung mit Thomas, dem Zweifler, der seinen Finger in die Nagelwunde Jesu legen will (Joh 20,24–29). Vielleicht kann man diese Begegnung in unserem Zusammenhang so deuten: Auch der Auferstandene sieht den einzelnen mit seiner Situation, sieht hinter dem Zweifel die Wunde des Nicht-Glauben-Könnens, die Wunde der Schuld dessen, der seinen Freund im Stich gelassen hat und jetzt neu die Berührung sucht – und sie von Jesus gewährt bekommt.

Vielleicht ist »Berührung« ein passendes Stichwort für die abgründigste Beziehung Jesu zu einem seiner Nächsten: zu seinem Freund und Auslieferer Judas. Es gibt den, der sich gegen die Berührung Jesu wehrt, den Jesus nicht erreicht, obwohl er ihn ständig in seiner Nähe hatte. Kennt Jesus, der Meister im Umgang mit Menschen, auch die Erfahrung des Scheiterns oder des Versagens in diesem Umgang? Die Worte, die zwischen dem Freund und seinem Auslieferer bei der Festnahme gewechselt werden, oder der Kuß – nichts, was uns überliefert ist, kann das Geschehen adäquat erhellen: Warum hat das Zusammensein mit Jesus Judas zu seiner Tat motiviert?

Die Ohnmacht, die diese Erfahrung für Jesus bedeutet haben muß, führt Jesus als Mensch wie Abraham an die Grenzen des Glaubens, stellt ihn in nacktem Vertrauen dem unverfügbaren Gott gegenüber: »Der Menschensohn muß zwar seinen Weg gehen ... Doch wehe dem Menschen, durch den der Menschensohn übergeben wird.« (Mk 14,21) Dieses »Wehe« für Judas zerschneidet auch das Freundesherz Jesu, der sich als Mensch sicher gewünscht hätte, daß der Vater ihm diesen Verrat erspart hätte. Doch wie auf der Zinne des Jerusalemer Tempels »springt« Jesus auch hier in den Willen des unverfügbaren Gottes hinein und überläßt in der Nacht seiner Auslieferung sein eigenes Schicksal, wie das seines Freundes, seinem Gott und Vater.

Weil Jesus diese Grenzerfahrung der menschlichen Existenz – die Ohnmacht dem unverfügbaren Gott gegenüber – bejaht, wird er zum »Bruder« der Menschen, die fern von Gott sind, in deren Augen es keinen Gott gibt. Auch hier schafft die Ohnmacht eine Brücke der Solidarität, die nicht von oben, sondern von unten her gebaut ist.

Die zweite Priorität der Seelsorge Jesu:
Der Letzte

Daß dies ein ganz zentraler Zug im Verhalten Jesu war, wird aus der Beschimpfung deutlich, die ihn einen »Fresser und Säufer, einen Freund der Zöllner und Sünder« nennt (Mt 11,19). Jesus greift diese Beleidigung auf, bestätigt den Sachverhalt des Vorwurfs, wandelt ihn aber zu einer provozierenden Selbstaussage – eine souveräne Art, mit Beleidigungen umzugehen.

Jesus und die Letzten: Zöllner und Dirnen werden stereotyp genannt, Gefährdete und Verwundete. Zachäus, der Zöllner, gehört zur Gruppe der Gefährdeten: einer, der – wie das Kamel durch das Nadelöhr – nur schwer ins Reich Gottes eingeht, solange er seinen ungerechten Reichtum behält. Jesus redet ihm aber nicht sozialkritisch ins Gewissen, sondern gibt ihm Ansehen durch die Erfahrung der Gastfreundschaft, durch eine neue Erfahrung von Beziehung wie in einer neuen Familie (Lk 19,1–10).

Und dann die Frauen: Warum sind die Frauen in der Nachfolge Jesu bevorzugt kranke oder Sünderinnen? Ist da ein Frauenbild, das korrigiert werden muß? Ich möchte dies nicht leugnen, aber hier auf eine andere Spur hinweisen, die verlorengehen könnte, wenn man sich zu schnell gegen die Identifizierung der Frauen mit den Sünderinnen wehrt. Darin liegt nämlich paradoxerweise so etwas wie ein Privileg. Die Frauen in der Nachfolge Jesu gehören zu den Armen, den Verwundeten, zu den Menschen also, die die Botschaft von der voraussetzungslosen Zuwendung Gottes am unmittelbarsten aufnehmen. Das scheint historisch so gewesen zu sein und ist auch psychologisch gut nachzuvollziehen: Benachteiligte, Machtlose, Kranke, Isolierte und Stigmatisierte (hier die soziale Dimension des Begriffes Sünder, nicht die moralische) gehören zu den »Letzten«, die am leichtesten die »Ersten« werden. Nicht weil es gut wäre, krank oder randständig zu sein, und erst recht nicht, weil solche Menschen als solche schon gut wären, sondern weil sie offensichtlich schneller und unmittelbarer an dem Punkt ihres Lebens berührbar sind, den das Evangelium sucht: Ihre Begrenztheit öffnet sie für die Botschaft Jesu. Das betrifft natürlich auch die Männer, wird aber im Evangelium bevorzugt an den Frauen sichtbar gemacht.

Vielleicht gibt es aber noch einen weiteren Grund für diese Freundschaft Jesu mit den Letzten, die so gar nicht von oben herab, auch nicht kumpelhaft von gleich zu gleich, sondern aus einer Solidarität von unten her auch nicht eigens aufgebaut werden muß, sondern einfach da ist: Der Mensch ist auf seinen Schöpfer radikal angewiesen – er ist eben Mensch und nicht Gott. Erst Widerstand, Ablehnung und Verweigerung, die Sünde also, geben der menschlichen Ohnmacht den bitteren Geschmack der Gottverlorenheit und Gottferne. Und auch dies liegt für Jesus in der Konsequenz seiner Menschwerdung: eine Art freiwillig angenommener Seelenzustand als Sünder vor Gott (vgl. 2 Kor 5,21). Wenn das so ist, dann kommt

Jesu Erbarmen mit den Letzten daher, daß er gewissermaßen von innen her weiß, wie es sich anfühlt, ein Leben ohne Gott zu leben, daß er also ganz konkret mit diesen Letzten und in ihnen leidet. Gerade er, der die Nähe Gottes aus einer einzigartigen Beziehung der Vertrautheit mit Gott heraus kennt und lebt, weil er diese Nähe ist, weiß am besten, was es bedeutet, diese Nähe – durch welche Lebensumstände auch immer – aufs Spiel zu setzen und zu verlieren. Deshalb begegnet er den Gefährdeten und Verwundeten nicht mit Vorwurf und Schärfe, sondern wie auf Zehenspitzen, und seine Vergebung ist kein juristisches, sondern ein therapeutisches Geschehen.

Fordernd und manchmal unerbittlich hart wird er dagegen denen gegenüber, die sich als die Ersten wähnen, obwohl gerade sie die Letzten sind: anschaulichst auf den Punkt gebracht in der Geschichte vom Pharisäer und vom Zöllner im Tempel (Lk 18,9–14): Der eine stellt sich vorne hin und zählt Gott wortreich all seine Verdienste auf, der andere bleibt hinten stehen und bittet um das eine Wesentliche: um Erbarmen.

Vor allem das Lukasevangelium mit einer ausgeprägten Liebe zu den Armen enthält Begegnungen und Gleichnisse, die eine einzige Werbung Jesu darstellen, sich mit den Letzten zu identifizieren: mit dem verlorenen Geldstück (Lk 15,8–9), dem verirrten Schaf (Lk 15,4–6), dem verlorenen Sohn (Lk 15,11–32), mit Zachäus, dem Zöllner (Lk 19,1–10) und der namenlosen Prostituierten, die Jesus die Füße salbt (Lk 7,36–50).

»Die Letzten werden die ersten sein«, sagt Jesus (vgl. Mk 9,35). Lukas ist es, der die für meine Begriffe ergreifendste Begegnung Jesu mit jenem Letzten erzählt, der der erste wird, weil der einzige, der der Erste wirklich ist, Jesus, neben ihm der Letzte wird: Vielleicht ahnen Sie, wen ich meine. Er sagt zu Jesus am Kreuz: »Herr, denk an mich, wenn du in dein Reich kommst«, und erhält die Antwort: »Heute noch wirst du mit mir im Paradies sein.« (Lk 23,42–43)

Die Spannkraft der Seele Jesu ist groß und gewaltig. Und dort, wo er nichts mehr für sich selber hat, kann er alle berühren und mit sich nehmen. Ich empfinde das so, als ob Jesus hier einen weiten Raum eröffnet. Dieser Raum ist für die Letzten da – auch, so hoffe ich, für den Judas.

Wenn der Letzte vorrangig behandelt werden soll: Was heißt das für eine Kultur der Begegnung nach dem Maßstab Jesu, für seelsorgerliches Handeln als Christin und Christ?

»Wer der erste sein will, der soll der Letzte von allen und der Diener aller sein.« (Mk 9,35) Das war ein früher viel zitiertes Wort und ein Selbstanspruch gerade an solche Menschen, die in irgendeiner Weise »Erste« und verantwortlich für andere waren. Nicht selten freilich war es begleitet von einem moralischen Druck und einer Art schlechtem Gewissen. Als müßte man die Tatsache, »erster« zu sein, durch Dienen und falsche Selbstzurücksetzung rechtfertigen. Ich glaube allerdings nicht, daß das Evangelium zu falscher Demut und Heuchelei verführen will.

Wer Verantwortung für andere Menschen hat, findet sich in vielfacher Hinsicht »am letzten Platz«: konfrontiert mit unlösbaren Problemen und Konflikten, zerrissen zwischen den Ansprüchen, die das eigene Gewissen an das Leben stellt, und den Bedürfnissen dieses Lebens. Ohnmacht gehört zu den prägenden Erfahrungen gerade von Menschen in Führungsaufgaben. In der Wahrnehmung dieser Spannungsfelder liegt bereits eine innere Verpflichtung, sich ihnen zu stellen.

Und gerade hier liegt vielleicht etwas Ent-spannendes, Er-lösendes in dem Gedanken, daß da einer ist, der sich in seinem Leben diesen Spannungsfeldern nicht entzogen hat, sondern sich ihnen ausgesetzt und sie mit der Kraft seiner Seele erfüllt hat.

Wenn ich begriffen habe, daß auch ich als einer oder eine dieser Letzten mit dem, was in mir Versagen, Scheitern oder auch Schuld ist, meinen Platz in diesem Raum habe, der sich vom Gekreuzigten her auftut, werde ich mit den Letzten, die mir in meinem Alltag begegnen, anders umgehen können. Hier wird Seelsorge ganz praktisch. Aus der Erfahrung heraus, selbst von Gott mit allem angenommen zu sein, erwächst eine Fähigkeit, Menschen dieses Angenommensein weiterzugeben; und dies mit einer Spontaneität und Leichtigkeit, die gerade die Letzten nicht beschämt oder kleinmacht, sondern sie aufrichtet und ermutigt. Das ist für mich eine der schwersten und gleichzeitig Würde-vollsten Aufgaben, »Seelsorge« in einem umfassenden und tiefen Sinn.

Die Freiheit, mit der Jesus auf alle Menschen, Erste und Letzte, Freund und Feind, zugehen kann, ist ein Zeichen dafür, daß es in seiner Seele keine Spaltung in Erste und Letzte gibt. Seine Offenheit kann für menschliche Begriffe anstößig und zuweilen fast naiv wirken. Jesus sagt über seinen Vater, daß er »seine Sonne aufgehen läßt über Böse und Gute, und es regnen läßt über Gerechte und Ungerechte« (vgl. Mt 5,45). Im Gleichnis von den Arbeitern im Weinberg erhält am Schluß des heißen Arbeitstags jeder Arbeiter denselben Lohn, ob er den ganzen Tag oder nur eine Stunde gearbeitet hat. Das kann man nur verstehen, wenn es hier um den Lohn geht, der Gott selber ist: Liebe kann nicht geteilt werden, sondern ist immer ganz. In einem anderen Weinberggleichnis (Mk 12,1–12) schickt der Besitzer immer neue Diener, obwohl die Pächter einen nach dem andern mißhandeln. Ist Gott so naiv? Oder geht es im anstößig zugespitzten Gleichnis um die Radikalität einer Liebe, die sich selbst schlechte Erfahrungen nicht merkt, sondern je die neue Chance gibt? Gottes Leidenschaft gilt allen Menschen, und dies realisiert sich in der dritten Priorität des Handelns Jesu: die Priorität des Ganzen.

Die dritte Priorität der Seelsorge Jesu: Das Ganze

Priorität des Ganzen bedeutet nicht, nur von einem einzigen Gedanken, einer großen Vision besessen zu sein – und wäre es die edelste und uneigennüt-

zigste – und ihrer Verwirklichung alles unterzu-
ordnen. Dabei geraten die einzelnen Menschen
leicht aus dem Blickfeld oder werden, was noch
verheerender ist, Mittel zum Zweck. Gerade das
geschieht bei Jesus nicht.

Seine Vision für das Ganze nennt Jesus: Reich
Gottes. Aus den Gleichnissen, mit denen er diese
neue Lebensform erschließt, ergeben sich jedoch
weder Programme noch Strategien, sondern vor
allem Haltungen: Geduld (Unkraut und Weizen,
Mt 13,24–30), wache Aufmerksamkeit (Dieb in
der Nacht, Lk 12,35–40; kluge Jungfrauen, Mt
25,1–13), Großzügigkeit (Sämann, Mk 4,1–9),
Engagement (Talente, Lk 19,11–26), Entschiedenheit und Risikobereitschaft (Turmbau und
Kriegszug, Lk 14,28–32; Schatz und Perle, Mt
13,44–46), Überwindung von Menschenfurcht
(felsiger und fruchtbarer Boden, Mt 13,20–22),
Gelassenheit und Vertrauen (selbstwachsende Saat,
Mk 4,26–29).

Eine der wichtigsten Reich-Gottes-Haltungen
– vielleicht der Schlüssel zu allen anderen – ist die
Bereitschaft zur Vergebung. Jesu Leidenschaft für
das Ganze zeigt sich in seinem Einsatz für Versöhnung. Und Feindesliebe – sicher der Höhepunkt
seiner Ethik – beginnt eben dort. »Wie oft soll ich
meinem Bruder vergeben?« Die Frage des Petrus
kommt sicher aus der konkreten Praxis, wenn
man sich den Alltag der Jünger so vorstellt. Und
die Antwort Jesu ist ziemlich klar: »Nicht sieben-
mal, sondern siebenundsiebzigmal.« (Mt 18,21–
22) Und dann erzählt er das Gleichnis von einem

Mann, dem eine unvorstellbar große Summe erlassen wird und der dann einen anderen Mann, der ihm vergleichsweise wenig schuldet, in die Schuldhaft bringt. Die Geschichte endet ziemlich drastisch mit Heulen und Zähneknirschen, denn der unbarmherzige Gläubiger wird im Gleichnis natürlich bestraft. Über das böse Ende der Geschichte vergißt man jedoch leicht, daß man ja die Wahl hat, das Gleichnis für sich selber bei der Freude über die erlassene Schuld enden zu lassen. Wer nicht vergibt, setzt diese Freude wieder aufs Spiel, und das will Jesus verhindern. So ist auch im Vaterunser eine einzige »Bedingung« oder besser Willenszusage an Gott formuliert: einander die Schuld zu erlassen: »wie auch wir vergeben unseren Schuldigern.«

Priorität des Ganzen, des Reiches Gottes: Was bedeutet das für Christinnen und Christen in Kirche und Gesellschaft und ihr Handeln in der Nachfolge Jesu? Das Ganze im Auge haben bedeutet, die Spannungen, Risse und Brüche zu sehen, alles, was eben nicht ganz ist. Es bedeutet, sich Konflikten auszusetzen, Unlösbares auszuhalten, darin aber gleichzeitig die Situation in Hoffnung zu gestalten, auch wenn ein unmittelbarer Erfolg nicht in Sicht ist. Das geht nicht ohne die Kraft der Versöhnung.

In der Vergebung wird das Reich Gottes am unmittelbarsten spürbar. Wer selbst einmal Vergebung erfahren hat, kann das bestätigen. Und ich meine, daß es die noch tiefere und beglückendere Erfahrung menschlicher Größe und Freiheit ist, selbst von innen heraus Vergebung schenken zu können. Das geschieht freilich meist im Verborgenen der Seele und nicht ohne inneren Kampf. Wer vergibt, muß etwas von sich loslassen. Deshalb glaube ich, daß hier solche Sätze ihren Ort haben wie der eingangs zitierte: »Wer sein Leben – seine Seele, sein Ich, um des Evangeliums willen verliert, wird es retten.« (Mk 8,35) Rettung bedeutet nicht nur, später einmal das »ewige Seelenheil« zu gewinnen, sondern Heil für die Seele bereits hier auf der Erde: Denn denen, die vergeben, ist als kostbares Geschenk der Friede verheißen, den die Welt nicht geben kann (Joh 14,27).

Ausgangspunkt Menschwerdung: Im Riß stehen

Ich möchte mit Ihnen zum Schluß noch einmal auf die Taufe Jesu am Jordan schauen: Eine griechische Ikone aus dem 14. Jahrhundert bildet folgendes ab: Ein gewaltiger Riß tut sich zwischen steil aufgetürmten Uferfelsen auf; er ist mit schwarzem Wasser gefüllt, das die nackte Gestalt Jesu bis zu den Schultern umgibt. Dieser Riß versinnbildlicht den Tod, in den der Menschgewordene sich eintauchen läßt. Seine segnenden Hände sagen, daß er, der im Riß des Todes steht, diesen Riß verwandelt. In der Ohnmacht seines Todes überwindet er den Tod. In antiker Manier ist das durch die beiden Wassergottheiten dargestellt, die vor dem Erlöser zurückweichen. In den Riß der Erde stößt von oben her ein zweiter, der das Gold des Himmels aufreißt und die Taube des Geistes zeigt.

Am untersten Punkt seiner Erniedrigung wird die Identität des Sohnes offenbar. Die Engel verneigen sich staunend.

Die Bibel kennt eine Topographie des Heils: Seit dem dritten Jahrhundert verehren die christlichen Pilger den Ort der Taufe Jesu bei einer Quelle, die von Osten her in den nahen Jordan fließt, wenige Kilometer vom Nordende des Toten Meeres entfernt. Seit wenigen Jahren ist diese Stelle unmittelbar an der Grenze zwischen Jordanien und Israel von beiden Seiten aus wieder zugänglich gemacht. Der Jordangraben, vor 30 Millionen Jahren entstanden durch einen Grabenbruch, der von Nordsyrien bis zum Viktoriasee reicht, ist hier am tiefsten: die Wasseroberfläche des Toten Meeres liegt an dieser Stelle 400 Meter unter dem Meeresspiegel. Es ist tatsächlich der tiefste Punkt der Erdoberfläche, an dem Jesus sich eintauchen läßt. Gott beginnt seinen Weg vom untersten Punkt aus. Und er stellt sich in den Riß, der durch die Erde geht und, damals wie heute, geographisch und politisch die Menschheit zu zerreißen droht. Jesus wählt als Standort für sein Leben der Versöhnung den Riß. Und es wird ihn zerreißen. Der Ort seines Sterbens, ausgespannt zwischen Himmel und Erde am Kreuz, macht das sichtbar.

An die Menschwerdung Gottes in Jesus Christus glauben bedeutet, den Prioritäten seines Handelns zuzustimmen und sich ihrer Dynamik mit der eigenen Existenz anzuvertrauen: Gott wird – erstens – in Jesus mein Nächster: Ich bin gemeint. Er wird – zweitens – auch der Nächste meines Feindes, denn auch dem Letzten gilt seine Priorität. Insofern gilt sie noch einmal auch mir, wenn ich die er-lösende Botschaft annehme, vor Gott ein Letzter, eine Letzte zu sein. Wenn ein Mensch dann versucht, in sich und um sich die Spaltung in Erste und Letzte, Freunde und Feinde zu überwinden, um etwas von der Kraft der dritten Priorität Gottes für das Ganze zu erfahren und sie zu verwirklichen, wird er unweigerlich in den Riß geraten, der die Menschen voneinander und von Gott trennt. Er wird immer wieder den Eindruck haben zu verlieren. Dann gilt für ihn das klare und tröstende Wort des Seelsorgers Jesus: »Wer seine Seele retten will, wird sie verlieren. Wer aber seine Seele – sein Leben – um meinetwillen und um des Evangeliums willen verliert, wird es retten.« (Mk 8,35)

Die Lebenskunst der Klöster

Münsterschwarzacher Kleinschriften

Die Titel dieser Reihe sind auch im **Abonnement** zu beziehen.
Gerne informieren wir Sie unter Tel. 09324/20-292 über diese
Möglichkeit.

Die vollständige Übersicht aller in dieser Reihe erschienenen Titel
finden Sie unter www.vier-tuerme-verlag.de

VIER-TÜRME-VERLAG
Telefon 09324/20-292 · Telefax 09324/20-495
Bestellmail: info@vier-tuerme.de / www.vier-tuerme-verlag.de